스페인은
순례길이다

온브제

스페인은 순례길이다

김희곤 지음

온브제

프롤로그
세계 최대 박물관 산티아고 순례길

 매일 아침 낯선 집 대문을 나서 길을 걷다가 다시 낯선 집에서 하루를 마감하는 일. 산티아고 순례길의 일상이다. 그 길은 사람의 일생과 닮았다. 낯선 세상에 태어나 세상을 돌아다니다가 낯선 세상으로 가는 삶. 그 길은 지치고 힘들다는 이유로 되돌아갈 수 없다.

 사도 야고보Jakobus*의 무덤이 있는 산티아고 대성당Catedral Metropolitana de Santiago으로 걸어가는 길을 스페인어로 '카미노 데 산티아고Camino de Santiago'라 부른다. '산티아고의 길'이라는 뜻이지만,

---

* 야고보는 예수의 십이사도 중에 최초로 신앙을 위해 순교한 사람이다. 전설에 따르면, 스페인이 무어인의 무슬림 세력을 몰아내기 위해 애쓸 무렵 야고보가 백마를 타고 그리스도교 군대를 불러 모았다고 한다.

흔히 '산티아고 순례길'로 알려져 있다. 산티아고는 사도 야고보를 스페인어로 부르는 이름이다.

15세기 이후 사람들의 발길이 뜸해졌던 산티아고 순례길이 세계인의 관심을 받게 된 것은 20세기 후반이었다. 1982년에 교황 요한 바오로 2세_Johannes Paulus II_가 산티아고 대성당을 방문했다. 1987년에는 EU가 산티아고 순례길을 유럽 문화유적으로 지정했다. 파울로 코엘료_Paulo Coelho_가 순례길을 체험하고 출간한 『순례자』1987년와 『연금술사』1988년가 밀리언셀러가 되면서 전 세계 젊은이들의 관심을 산티아고 순례길로 불러 모았다. 길을 따라 세워진 중세 요새와 마을, 석조 건물과 성당들은 순례길을 더욱 아름답게 한다. 유명해진 또 다른 이유다. 옛 자태를 뽐내며 그대로 남아 있기에 과거의 길을 걷는 느낌을 준다.

산티아고 순례길의 기원은 서기 711년으로 거슬러 올라간다. 이슬람 세력에 멸망한 서고트_西Goth_ 왕국*의 펠라요_Pelayo_ 장군이 스페인의 북부 칸타브리아_Cantábria_ 산맥으로 달아나 오늘날 오비에도_Oviedo_ 서북쪽의 산골짝에 이름뿐인 아스투리아스_Asturias_ 왕국을 세웠다. 산중의 무리에 지나지 않았던 그들은 722년 코바동가_Covadonga_ 협곡에서 이슬람 세력을 처음으로 무찔렀다. 그 작은 승

---

* 스페인 최초의 독립 왕국.

리에 고무된 스페인 기독교도들이 산골짝에서 내려와 오비에도에 왕국의 요새를 건설했다.

서기 813년 스페인 갈리시아Galicia 들판에서 은둔 수행자 펠라요가 천사의 목소리가 인도하는 빛나는 별 아래에서 산티아고의 무덤을 발견했다. 오늘날 그 장소를 '별이 빛나는 들판의 산티아고'라는 뜻으로 '산티아고 데 콤포스텔라Santiago de Compostela'라 부른다. 산티아고의 무덤을 발견한 은둔 수행자 펠라요와 이슬람 군대를 처음으로 물리친 펠라요 장군의 이름이 짜 맞춘 듯 동일하다.

9세기에 오비에도에서 산티아고의 무덤으로 향하는 최초의 순례길이 생겨났다. 10세기 오비에도에서 남쪽으로 120㎞ 떨어진 레온León에서 산티아고 무덤으로 향하는 10세기 순례길이 개척됐다. 이후 프랑스 사람들이 파리Paris에서 피레네Pyrénées산맥을 넘어 팜플로나Pamplona와 부르고스Burgos를 거쳐 레온으로 몰려왔다. 이 길은 오늘날 '프랑스 길camino francés'이라 불리고 있다.

오늘날 산티아고의 무덤을 찾는 도보 여행자들의 70퍼센트는 프랑스 길을 따라 산티아고 대성당으로 걸어간다. 이 순례길은 중세 기독교 세력과 이슬람 세력이 서로 대치하며 치열하게 싸웠던 피의 전선이었다. 중세 프랑스 길의 북쪽은 기독교 세력이, 남쪽은 이슬람 세력이 차지하고 있었다.

흔히 세계 최대의 박물관을 베드로의 무덤 위에 올라타고 있는 로마Roma의 바티칸Vatican이라 한다. 그러나 길을 따라 줄지어 있는 요새와 대성당, 수도원을 품고 있는 프랑스 길이야말로 세계 최대 박물관이라 할 수 있다. 각각의 중세 건물들은 하나같이 신비한 조각과 성화, 신화와 역사를 세기고 있다.

요새로 둘러싸인 중세도시의 중심에는 어김없이 대성당이 자리하고, 대성당과 대성당 사이에는 작은 마을과 성당이 징검다리처럼 놓여 있다. 단단한 돌담으로 둘러싸인 마을의 정상에 성당과 종탑을 세웠다. 종탑에서 울리는 종소리는 농부들에게는 시간을, 군인들에게는 적의 침략을, 멀리서 걸어오는 순례자들에게는 길의 방향을 알려주었다. 프랑스의 최신 종교 제도가 프랑스 길을 따라 스페인에 도입됐고, 이슬람 왕국의 최첨단 천문 과학기술이 같은 길을 따라 유럽으로 전해졌다.

프랑스 길 위에 줄줄이 서 있는 신의 궁전은 산티아고 신화 속 신의 칼처럼 이슬람 세력에 맞섰다. 어두침침한 대성당 속으로 들어갈 때마다 알 수 없는 느낌과 감정이 온몸을 휘감는다. 고딕 양식의 웅장한 돔에서 흘러내리는 빛은 영원히 채울 수 없는 절대 사랑이자 불굴의 정신을 신비스럽게 품고 있다. 인간은 여러 이유로 건축을 했지만, 그 인간을 보듬고 성장시킨 것은 건축이라는 생각이 든다. 신의 이름으로 수 세기 동안 쌓아올린 성벽과 대성당, 수도원이 살아 있는 증거다.

프랑스 길 위 중세 건축물들이 뿜어내는 사랑의 기운을 받으면서 산티아고 대성당으로 걷는다. 낯선 성소의 문을 수없이 두드리며 산티아고 무덤에 다다르기 위해 온갖 시련을 겪으며 걸어가는 사람들에게 이 책이 지팡이가 됐으면 하는 바람이다.

2019년 4월
건축가 김희곤

산티아고 순례길에서 "건축"과 친해지는 법

1) 건축과 역사와 문화의 소양은 현장에서 채울 수 없다.
2) 건축은 생각으로 더듬고 눈으로 만지고, 그것과 생각으로 대화하라.
3) 기부는 공짜가 아니라 꼭 지불해야 하는 약속어음이다.
4) 역사와 문화와 신화와 건축을 즐기며 걸으라.
5) 마음을 비우고 공간의 소리를 들으라.
6) 공간이 뿜어내는 생명의 맥박 소리에 귀 기울이라.
7) 종교를 떠나 건축 유적 속에 담긴 정신을 보라.
8) 절대 사랑의 공간에서 내 마음의 주인과 마주하라.
9) 어둠 속에 잠자는 빛을 천천히 마음으로 모시라.
10) 마음이 동하는 공간에서 침묵의 시간을 가지라.
11) 건축을 사람의 몸처럼, 머리와 몸과 다리가 있는 것처럼 상상하라.
12) 대성당의 내부에서는 신의 품에 안겼다고 상상하라.

목차

🟡 **프롤로그**   세계 최대 박물관 산티아고 순례길   004

🟡 **신화가 역사를 조각하다**
프랑스 길
Camino Francés

유럽을 깨우다 **산티아고 순례길의 역사**   016
눈부신 건축물들 **순례길 728km**   023
세상의 끝 **산티아고 대성당**   027

🟡 **프랑스 길의 제로 포인트**
파리
Paris

프랑스 길의 대문 **노트르담 대성당**   032
블루 다이아몬드 **루브르의 피라미드**   041
근대의 상징 **파리 개선문**   045
토목 엔지니어가 지은 **에펠탑**   048
대지의 바늘 **생 미셸 성당**   052
통과의 발 **생장피드포르 노트르담 성당**   055

🟡 **순례자의 공식 체류지**
팜플로나
Pamplona

유럽으로 열린 스페인의 문 **피레네 산맥**   060
순례자의 성당 **론세스바예스 산티아고 성당**   064
도둑들의 다리 **라라손아냐**   068
순례자의 신분 조회 **팜플로나 프랑스의 문**   072
그리스인의 이상 **팜플로나 대성당**   075
장식의 백화점 **팜플로나 시청**   081

카스티야 왕국의 머릿돌
부르고스
Burgos

세바퀴 돌면 소원이 이뤄진다 **산타 마리아 데 에우나테 성당**	086
순례길에서 가장 높은 **산타 마리아 성당의 종탑**	090
천 년의 세월을 견딘 **비아나 성당의 궁륭**	095
가우디 후계자의 작품 **이시오스 양조장**	099
상상력의 힘 **마르케스 데 리스칼 호텔**	105
기사들의 회랑 **산타 마리아 라 레알 수도원**	108
순례길에서 가장 아름다운 도시 **산토 도밍고 데 라 칼사다**	111
함께 요리하고 저녁을 먹는 **그라뇽 알베르게**	115
건물도 생을 마감하리라 **산 펠리세스 수도원**	118
세상에서 가장 아름다운 고딕 양식 **산 후안 데 오르테가 수도원**	121
스페인 3대 대성당 **부르고스 대성당**	126
콜럼버스를 맞이하다 **카사 델 코르돈**	132
그레고리안 성가를 꼭 듣기를 **산토 도밍고 데 실로스 수도원**	136
파라다이스 **산토 도밍고 데 실로스 수도원 중정**	141

붉은 그리스도의 궁전
레온
León

햇빛에 달궈진 오지기와지붕 **온타나스**	150
순례길에서 가장 아름다운 기둥 **심판의 기둥**	153
순례길의 심장 **카리온 데 로스 콘데스**	157
오늘의 시간이 어제를 초대하다 **삼위일체 성당**	164
수도원의 도시 **사아군**	168
성모 마리아의 발현 **코바동가의 성스러운 동굴**	173

산티아고의 검은 눈동자 산 미겔 데 리요 성당	180
황제의 위엄을 드러내다 산타 마리아 델 나란코 왕궁	185
늙은 돈키호테 오비에도 대성당	190
독수리처럼 날아오르다 팔라시오 데 콘그레소스	195
가우디의 걸작 카사 보티네스	199
붉은 그리스도의 궁전 레온 대성당	204
색의 마술을 부리다 레온 현대미술관	210

🏵 영광의 문
산티아고 데 콤포스텔라
Santiago de Compostela

황토 담장을 두른 판잣집 신들의 집	216
가우디의 혼을 팔아먹다 아스토르가 주교관	220
12세기 어머니의 품 성모승천 성당	227
바람의 향기 만하린 산장	231
동심의 바퀴를 굴리다 몰리나세카 다리	235
중세 기사가 말 타고 달려 나오다 템플기사단의 성	238
왕비의 슬픈 눈 카라세도 수도원	242
세상의 모서리를 지키다 비야프랑카 델 비에르소	246
쟁반 위의 찻잔 산타 마리아 라 레알 성당	251
시간의 그릇으로 빛을 품다 사모스 수도원	255
퇴락한 중정과 회랑 막달레나 수도원	263
신기루를 뿌리다 산 니콜라스 요새 성당	267
그리스 신전을 닮은 제단 산 로케 성당	271

환희와 즐거움의 산에 오르다 몬테 도 고소		276
시간이 돌의 호수에 잠기다 산티아고 데 콤포스텔라		281
영광의 문 산티아고 대성당		284
다음 세기를 준비하다 오브라도이로 광장의 중세 건물		295
영혼을 위로하다 보타푸메이로		297
산티아고 대성당의 미래 갈리시아 문화센터		302

산티아고의 발코니
피스테라
Fisterra

성모 마리아의 위로 무시아, 돌로 만든 배	310
세상의 끝에 서다 피스테라, 산 기예르모 수도원	316

에필로그

사랑의 공간, 산티아고 순례길의 건축	328

참고문헌	334

신화가 역사를 조각하다
프랑스 길

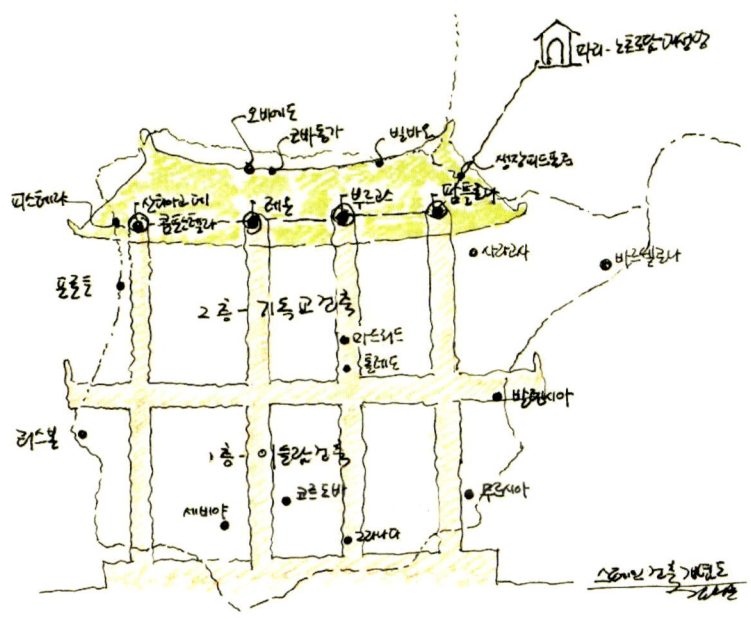

중세 스페인 건축 개념도

스페인 건축을 2층 집에 비유하면 1층은 이슬람 건축이 되고, 2층은 기독교 건축이 될 것이다. 프랑스 길을 따라 팜플로나, 부르고스, 레온, 산티아고 데 콤포스텔라로 이어지는 건축은 스페인 건축의 대들보가 될 것이다. 기독교 세력이 연대해 이슬람 세력을 몰아내기 위해 구축한 프랑스 길을 따라 신들의 궁전이 줄지어 서 있다. 오비에도가 스페인 기독교 건축의 용마루라면 레온 대성당, 부르고스 대성당, 팜플로나 대성당은 산티아고 대성당으로 이어진 스페인 건축의 대들보다. 파리 노트르담 대성당은 산티아고 대성당의 대문이었다.

유럽을 깨우다
산티아고 순례길의 역사

　스페인 건축은 이슬람 건축의 기초 위에 쌓아올린 기독교 건축이라 할 수 있다. 스페인 건축을 2층집에 비유하면 1층은 이슬람 건축, 2층은 기독교 건축이 된다. 순례길에 놓인 오비에도는 용마루가 되고 팜플로나 대성당, 부르고스 대성당, 레온 대성당, 산티아고 대성당으로 이어지는 순례길 루트는 스페인 건축의 대들보가 된다. 프랑스 노트르담Notre Dame 대성당은 스페인 건축의 대문이었다. 기독교 세력이 이슬람 세력을 몰아냈던 여덟 세기에 걸친 국토회복운동*의 과정이 스페인 건축에도 그대로 영향을 끼쳤다. 팜플로나, 부르고스, 레온, 산티아고 데 콤포스텔라로

* 레콩키스타Reconquista. 재정복을 의미한다.

이어지는 순례길은 이슬람 세력을 몰아내기 위해 기독교 세력이 연대해 구축한 방어선이었다.

이베리아$_{\text{Iberia}}$ 반도를 지배했던 서고트 왕국이 지브롤터$_{\text{Gibraltar}}$ 해협으로 건너온 이슬람 세력에 711년 정복당하면서 스페인은 유럽 대륙에서 떨어져나갔다. 이후 중세 스페인은 지브롤터해협을 지나 더 이상의 대지를 기대할 수 없다는 뜻으로 '구극$_{\text{Non Plus Ultra, 이것 너머 아무것도 없다}}$'이라고 표현됐다. 19세기의 영국 작가 리처드 포드$_{\text{Richard Ford}}$는 스페인을 "모래 줄로 묶인 여러 지역들의 집합체"*라고 했다. 나폴레옹$_{\text{Napoléon}}$은 한 발 더 나아가 피레네 남쪽의 스페인을 "아프리카"라 불렀다.

서기 813년** 스페인 갈리시아 벌판에 성스러운 별빛이 떨어졌다. 그 별빛을 따라가던 은둔 수행자가 발견한 산티아고의 무덤은 아스투리아스 왕국의 알폰소$_{\text{Alfonso}}$ 3세와 성직자들에 의해 곧바로 숭배됐다.

산티아고의 무덤이 발견되기 한 세기 전인 722년***, 칸타브리아산맥의 코바동가 협곡에서 펠라요 장군이 이끄는 기독교도들이 처음으로 이슬람 군대를 무찔렀다. 코바동가의 승리를 두고 리처드 플레처는 "군사적으로 큰 의미가 없는 사소한 충돌"이라

---

* 레이몬드 카 외, 김원중·황보영조 공역, 『스페인사』, 까치, 2006, 참조.
** 『스페인사』의 공저자 리처드 플레처$_{\text{Richard Fletcher}}$는 818년에서 842년 사이의 어느 한 시점이라 했다.
*** 리처드 플레처는 719년으로 적었다.

폄하했지만, 그 작은 승리가 수 세기에 걸친 국토회복운동의 서막이었음을 인정했다. 883년 작성된 『예언 연대기Crónica Profética』에 "스페인에서 곧 이슬람의 지배가 끝나고 기독교도들의 지배가 회복 될 것"이라는 예언이 있다. 산티아고 무덤 발견 이후 그곳은 치밀한 각본 하에 기독교도들의 성전이 됐음을 짐작케 한다.

펠라요 장군이 기도하다 성모 마리아의 은총을 받았다고 전해지는 코바동가의 성스러운 동굴이 유럽의 산정* 서쪽 절벽에 걸려 있다. 펠라요 장군이 스페인을 구해줄 마타도르matador**를 초대하기 위해 나타난 반데리예로banderillero***라면, 산티아고는 이슬람 세력을 무찌르기 위해 나타난 마타도르(부활한 전사 야고보)였다.

코바동가의 승리를 기반으로 아스투리아스 왕국의 알폰소 2세는 808년 오비에도로 왕국의 수도를 옮겨 호시탐탐 확장의 기회를 노리고 있었다. 산티아고의 무덤이 발견되자마자 알폰소 3세는 산티아고 무덤 위에 성당을 짓고 오비에도에서 루고Lugo를 거쳐 산티아고 무덤으로 향하는 9세기 순례길을 최초로 개척했다. 910년 오르도뇨 2세Ordoño II****가 레온 왕국을 세운 후 레온에서 산티아고 무덤으로 향하는 10세기 순례길을 개척했다. 이후 프랑

---

* 국립공원.
** 결정적인 순간에 황소의 숨통을 끊어주는 투우사.
*** 색색의 장식 리본이 달린 긴 창으로 황소의 목덜미와 어깨, 궁둥이를 찌르는 투우사.
**** 아스투리아스 왕국의 알폰소 3세의 둘째 아들.

스 사람들이 피레네산맥을 넘어 레온을 거쳐 산티아고의 무덤으로 몰려들었다. 프랑스 사람들의 도움으로 나바라Navarra 왕국의 수도 팜플로나, 카스티야Castilla 왕국의 수도 부르고스, 레온 왕국의 수도 레온을 거쳐 산티아고 대성당으로 이어지는 12세기 프랑스 길이 완성됐다. 프랑스 길은 곧바로 로마의 성 베드로Petru 무덤으로 향하는 순례길과 예루

✝ 펠라요 장군

살렘Jerusalem의 예수 성묘로 향하는 순례길을 능가하며 유럽에서 가장 성스러운 무덤으로 떠나는 순례길이 됐다.

산티아고의 무덤은 곧바로 스페인 국토회복운동의 메카가 됐다. 나아가 서유럽을 기독교 우산 아래 뭉치게 만들었다. 『스페인사』에 따르면 951년 프랑스 르 푸이Le Puy의 주교가 산티아고 무덤을 찾았고, 10년 뒤에는 프랑스 랭스Reims의 대주교가 그곳을 찾았다.

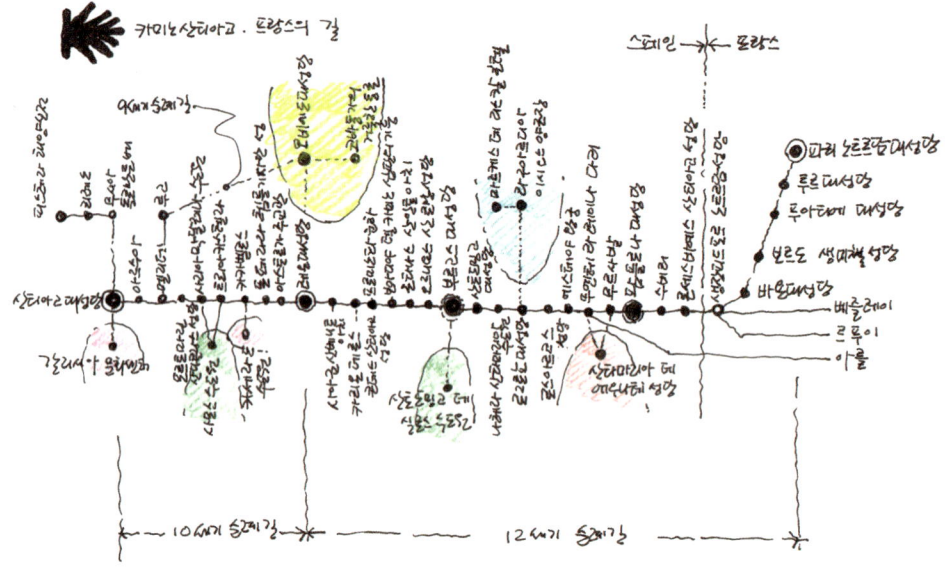

✦ 프랑스 길에 줄지어 있는 대성당과 수도원

    10세기 레온 왕국 동쪽 카스티야 왕국과 나바라 왕국, 서쪽 포르투갈Portugal 왕국이 산티아고라는 이름으로 하나가 됐다. 11세기에서 12세기 사이에 서유럽 전역에서 순례자들이 몰려들었다. 12세기 초에는 영국인들까지 산티아고 무덤을 찾기 시작했다. 로마 시대 이후 처음으로 유럽이 기독교 신앙으로 뭉치게 된 것이다. 이는 기독교도들의 공공의 적인 이슬람 세력을 물리치기 위한 일시적 연대였다.

    스페인 국토회복운동을 방해하는 것은 그 대상 누구든 처단

해야 할 공공의 적이었다. 프랑스 길을 따라 마을과 도시가 건설되고 성당과 수도원과 대성당이 증축되면서 사람들이 몰려들어 산티아고 데 콤포스텔라는 유럽의 성지로 발전됐다. 968년 바이킹 무리가, 997년에는 코르도바Córdoba의 알 만수르Al-Mansur의 군대가 산티아고 데 콤포스텔라를 공격했다. 이를 두고 리처드 플레처는 "당시 산티아고 데 콤포스텔라는 약탈할 만한 가치가 있을 만큼 부유했다"고 했다.

11세기 프랑스 클뤼니Cluny 수도원이 스페인에 조직망을 구성하고 수도사들을 파견했다. 클뤼니 수도사들은 서고트 시대의 구태를 벗지 못한 스페인 교회를 교황 그레고리우스 7세Gregorius Ⅶ 시대의 이상주의적 교회로 개혁하기 시작했다. 프랑스의 지원을 받아 길을 정비하고 다리를 놓고 마을을 건설하고 대성당을 증축했다. 11세기가 지나는 동안 이슬람 세력과 싸우는 전쟁은 신성하다는 개념이 확산됐다.

12세기 프랑스 파리, 베즐레이Vezelay, 르 푸이, 아를Arles에서 산티아고 대성당으로 연결되는 프랑스 길이 완성됐다. 프랑스 길은 유럽과 이슬람 문명을 이어줘 12세기 십자군 전쟁의 도화선으로 작용했다.

프랑스의 장사꾼과 수공업자, 여관 주인 등이 프랑스 길로 모여들었고 팜플로나, 로그로뇨Logroño, 부르고스, 레온, 아스토르가Astorga, 루고 등의 도시에 정착했다. 프랑스에서 온 이주자들은 기술뿐만 아니라 유행과 가톨릭 이념까지 함께 전파했다. 13세기 후반 이베리아반도는 그라나다Granada 왕국을 제외한 나머지 대부분의 영토가 기독교도들의 수중으로 회복됐다.

눈부신 건축물들
순례길 728km

오늘날 대부분의 도보 여행자들은 프랑스 길의 대문인 파리 노트르담 대성당에 방문하고 생장피드포르Saint-Jean-Pied-de-Port로 이동해 산티아고 대성당으로 걸어간다. 생장피드포르에서 출발하는 728km 여정의 프랑스 길은 로마의 성 베드로 무덤과 예루살렘 예수 성묘를 능가하는 순례길로 세계인들의 사랑을 받고 있다. 해발 167m에서 1,496m를 오르내리는 오솔길의 체감 거리는 800km를 훌쩍 넘어선다. 피레네산맥의 안개구름을 뚫고 스페인의 첫 마을 론세스바예스Roncesvalles, 나바라 왕국의 팜플로나, 라리오하La Rioja의 포도 향기 가득한 카스티야 왕국의 부르고스, 메세타Meseta 고원을 가로질러 레온 왕국의 레온, 갈리시아의 산과 들판을 가로질러 마침내 산티아고 대성당에 이른다.

스페인 건축의 대들보로 불리는 프랑스 길의 건축물들. 나바라 왕국의 심장인 팜플로나 대성당, 카스티야 왕국의 머릿돌인 부르고스 대성당, 레온 왕국의 붉은 그리스도의 집으로 불리는 레온 대성당이 나란히 산티아고 대성당으로 이어져 있다.

론세스바예스에서 팜플로나 대성당에 이르는 64.7km 나바라 왕국의 길에서는 피레네 산자락이 카스티야 들판으로 살며시 내려앉는다. 이어서 나바라 왕국의 수도 팜플로나가 성벽을 두르고 나타난다. 성벽의 동쪽에 팜플로나 대성당이 우뚝 서서 팔을 벌리고 여행자를 맞는다.

팜플로나에서 부르고스에 이르는 204km의 길에는 포도밭과 초원이 더 넓게 펼쳐진다. 길을 따라 조금만 파고들면 중세 전통이 살아 있는 포도밭 속에 세계적인 건축가가 지은 와인 양조장과 양조장 부속 호텔을 만날 수 있다. 카스티야 왕국의 초기 수도였던 부르고스는 카스티야 들판과 메세타 고원이 만나는 길목에 자리하고 있다. 부르고스는 로마 시대 마을에 9세기 말 디에고 로드리게스 포르셀로스Diego Rodriguez Porcelos 백작이 이슬람 세력을 몰아내기 위해 건설한 요새 도시다. 11세기부터 카스티야 왕국의 수도였던 부르고스에는 스페인에서 가장 웅장하고 아름다운 건축물로 알려진 부르고스 대성당이 있다. 부르고스 남쪽에는 스페인에서 가장 아름다운 산토 도밍고 데 실로스Santo Domingo

✝ 부르고스 대성당

de Silos 수도원이 남아 있다.

부르고스에서 레온으로 향하는 176㎞의 길은 황량하기 그지없는 메세타 고원 길이다. 해발 600m 고원 길이 레온까지 끝도 없이 지평선을 당기며 펼쳐진다. 오늘날 유럽의 곡창지대로 알려진 메세타 고원에는 간간히 석회암 산자락이 섬처럼 나타날 뿐이다. 11세기 말 막대한 부와 권력을 휘두른 클뤼니 수도원으로 번성한 사아군Sahagún을 가로질러 레온에 이른다. 1세기 로마인들이 세운 금광 도시로 출발한 레온에는 순례길의 3대 대성당 중 하나로 불리는 레온 대성당이 있다.

레온 대성당 북쪽, 121㎞ 떨어진 칸타브리아산맥의 분지에 9세기 산티아고 순례길을 최초로 개척했던 오비에도가 있다. 스페인에서 가장 순수한 땅으로 불리는 오비에도는 스페인 건축의 용마루에 해당하는 중세 유적들이 즐비하다. 오비에도 동쪽, 76㎞ 산골짝에 코바동가의 성스러운 동굴이 중세의 모습을 간직하고 남아 있다. 그 성스러운 동굴에도 스페인 국토회복운동의 신화가 담겨 있다.

레온 대성당에서 산티아고 대성당으로 향하는 295㎞의 길에는 레온산맥과 갈리시아 숲이 무성하다. 습기 가득한 숲속에 비밀스럽게 앉아 있는 사모스Samos 수도원을 지나면 초원 지대가 산티아고 대성당까지 이어진다.

세상의 끝
산티아고 대성당

    산티아고 대성당에 도착한 여행자들이 향하는 곳은 유럽 대륙의 끝이자 세상의 끝으로 알려진 피스테라Fisterra다. 중세 유럽 사람들은 대서양을 죽음의 바다로 불렀고 피스테라의 바다를 죽음의 해안이라 불렀다. 대부분의 여행자들은 버스를 타고 무시아Muxía와 피스테라를 방문하지만, 일부는 산티아고 대성당에서 무시아를 거쳐 피스테라로 걸어간다. 피스테라에 산티아고의 시신을 싣고 배가 도착한 이유는 무엇일까. 이는 중세 스페인 사람들이 피스테라를 인간의 세계가 끝나고 신의 세계로 들어가는 입구로 믿었기 때문이었다.

    산티아고 대성당에서 피스테라에 이르는 길은 신화의 세계로 다가서는 의미가 새겨져 있다. 무시아와 피스테라에 산티아고의 신화가 전해 내려온다. 사도 야고보가 피스테라에서 전도하다 실패하고서 무시아로 건너가 성모 마리아의 위로를 받았다. 이후 예루살렘으로 돌아가 그곳에서 죽은 그의 시신을 제자들이 돌의 배에 싣고 피스테라로 들어와 오늘날 산티아고 대성당이 서 있는 들판에 묻었다.

  중세 유럽인들이 세운 모든 성당은 하나같이 동쪽에 제단을 마련하고 죽음의 바다가 있는 서쪽에 웅장한 출입구를 세웠다. 이는 죽음의 바다가 있는 서쪽이 부활을 상징한다고 믿었기 때

무시아의 북쪽 끝

문이다. 산티아고 대성당조차 피스테라가 있는 서쪽 해안을 바라보고 있다.

남북으로 약 30㎞ 떨어져 있는 피스테라는 남쪽을 향하고 있고 무시아는 북쪽을 향하고 있다. 피스테라가 유원지처럼 소란스러운 반면 무시아는 세상에서 가장 아늑한 침묵이 해안선으로 펼쳐졌다. 성모 마리아의 앞치마처럼 펼쳐진 해안선에 바르카 성모의 성당Nuestra Señora de la Barca이 성모 마리아가 타고 와서 산티아고를 위로했다고 전하는 돌로 만든 배를 향하고 있다. 이곳에 서면 누구라도 조용하고 아늑한 분위기에 빠져 세상시름을 내려놓을 수 있을 듯했다.

무시아가 위로 받는 곳, 사색의 해안이라면 피스테라는 산티아고가 전도를 하다 실패한 곳, 그의 시신이 도착한 도전의 해안이다. 피스테라 등대가 한눈에 바라보이는 파초 언덕에 고대 켈트족Celts이 태양신을 섬기며 제사를 지냈던 제단으로 알려진 자연석 돌무더기들(태양신전으로 불림)이 산봉우리에 줄지어 있다. 그 서쪽의 낮은 언덕 위에는 산 기예르모San Guillermo 성인이 켈트족을 선교하기 위해 지었던 산 기예르모 수도원 유적지가 남아 있다.

산티아고가 전도하다 실패한 곳에 그가 죽어서 도착했다는 것은, 세상의 끝이 죽음이 아니라 부활이라는 것을 상징하고 있는 것이다. 산티아고가 무덤에서 일어나 마타모로스Matamoros, 부활한 산티아고 전사가 되어 중세 스페인을 이슬람 세력으로부터 구하고 나아가 유럽을 깨운 것과 피스테라의 상징적 의미는 서로 닮았다. 피스테라는 중세 기독교도들에게 세상의 끝, 죽음의 해안이 아니라 신의 세계로 다가서는 관문이었기 때문이다.

순례길의 제로 포인트
파리

파리→바욘→생장피드포르

센강에서 바라본 파리 노트르담 대성당

파리 노트르담 대성당은 중세 프랑스 길의 제로 포인트이자 스페인 중세 건축의 대문이었다. 12세기 중엽 제2차 십자군 전쟁의 출발지였다. 파리의 중심은 로마 시대부터 오늘날까지.센강에 배처럼 떠 있는 시테섬이었으며 그 심장은 노트르담 대성당이었다. 파리는 노트르담 대성당이 바라보고 있는 샹젤리제를 축으로 발전했다. 파리의 역사를 거슬러 오르면, 3세기 로마에서 출발해 파리에 도착한 첫 번째 순례자 생 드니의 순교와 마주한다. 노트르담 대성당의 성모 마리아 문에 그의 죽음이 부조로 새겨져 있다. 생 드니의 부조 앞에 프랑스 길의 제로 포인트가 놓여 있다.

프랑스 길의 대문
노트르담 대성당

오늘날 대부분의 여행자들은 프랑스 길을 떠나기 전에 노트르담 대성당부터 찾는다. 중세 스페인 건축의 대문이자 프랑스 길의 제로 포인트에서부터 여행을 시작하기 위해서다.

몽파르나스Montparnasse 역에서 시계 반대 방향으로 노트르담 대성당으로 걸었다. 소르본느 대학Sorbonne의 정원으로 불리는 뤽상부르Luxembourg 공원을 가로질렀다. 공원 북쪽에는 17세기 마리 드 메디시스Marie de Médicis 왕비가 고향 이탈리아를 그리워하며 피티Pitti 궁전을 모방해 지은 뤽상부르 궁전이 서 있다. ㄷ자 평면으로 정원을 바라보고 있는 궁전은 중앙에 돔을 왕관처럼 눌러쓰고 좌우로 모임지붕을 쓰고서 엄격하게 앉아 있다. 이 궁전이 준공되던 1631년에 왕비는 이탈리아로 추방됐다.

◆ 노트르담 대성당

✟ 파리의 판테온

뤽상부르 공원을 뒤로하고 언덕 위 15세기에 지어진 판테온Pantheon을 가로지른다. 로마의 판테온을 모방해 지은 성당이었다. 프랑스혁명 이후 영웅들의 무덤으로 사용되고 있다. 이곳에 루소Rousseau, 볼테르Voltaire, 빅토르 위고Victor Hugo의 묘가 안장돼 있다. 판테온을 지나 비비아니Viviani 광장으로 다가서자 센강 뒤로 노트르담 대성당이 보인다.

노트르담 대성당은 로마 시대 이전부터 파리의 심장부였던 시테Cité섬의 중심에 지어졌다. 대성당의 제단은 동쪽에, 입구는 서쪽에 위치해 있다. 플라잉 버트레스flying buttress, 공중부벽를 겹겹이 두

✟ 센강의 시테섬

르고서 죽음의 바다, 대서양을 바라보고 있다. 라틴십자 평면이 만나는 지붕 위로 뾰족 첨탑이 하늘을 찌른다. 센강에는 유람선이 물보라를 가르며 유유히 나아간다.

　로마인들은 시테섬을 중심으로 로마를 닮은 열두 언덕을 세우고 그 언덕을 따라 동심원으로 성벽을 둘렀다. 그중에서 가장 높은 몽마르트르Montmartre 언덕은 로마 시대의 지명이 아니다. 서기 250년경 사도 베드로의 제자인 생 드니Saint-Denis가 로마에서 여섯 명의 선교사들과 함께 걸어와 파리에 도착했다. 그가 파리에서 상업의 신으로 불리던 머큐리Mercury 신상을 파괴한 대가로 센강이 내려다보이는 해발 130m 언덕에서 참수당했다. '몽마르트르'라는 말은 생 드니가 참수된 이후 파리 사람들이 '순교자의 언덕'이란 뜻으로 새롭게 부른 이름이다.

전설에 따르면 생 드니는 자신의 잘려진 머리를 태연하게 팔에 끼고 북쪽으로 10km 거리의 카토라퀴$_{Catolacus}$* 까지 걸어가서 고꾸라졌다. 생 드니와 산티아고의 촌수를 굳이 따진다면 생 드니가 베드로의 제자이기에 산티아고는 생 드니의 삼촌 격이다.

노트르담 대성당은 18세기 프랑스혁명 기간 동안 종과 조각과 스테인드글라스가 처참하게 파괴됐고 내부는 사료 창고로 쓰였다. 1804년 12월 2일 나폴레옹 1세의 대관식을 치르면서 노트르담 대성당은 역사 속에서 다시 등장했다. 그 후 빅토르 위고의 소설 『노트르담 드 파리』로 인해 파리 시민들의 가슴에 다시 자리 잡았다. 오늘날 대성당은 19세기 중반 전설적인 건축가 비올레 르 뒤크$_{Viollet-Le-Duc}$가 20년에 걸쳐 복원한 모습이다. 길이 130m, 폭 108m, 신랑궁륭$_{身廊穹窿}$의 높이 35m, 탑 높이 69m의 오늘날 모습으로 태어났다. 비올레 르 뒤크는 중세 복원 건축의 대가로서 『프랑스 중세 건축 사전』을 만들었으며 19세기 후반 시카고파 건축가들에게 지대한 영향을 미쳤다.

노트르담 대성당은 12세기 중엽에 착공해 13세기에 완성했으

---

* 생 드니를 기리는 성당이 자리하고 있다.

✤ 제로 포인트

며, 18세기 초 측면 제실을 증축하긴 했지만 중세의 원형을 최대한 살렸다. 기독교 이전 다신교의 상징이었던 가고일Gargoyle 조각상까지 측면의 처마에 걸어놓았다.

광장을 가득 메운 여행자들 사이를 비집고 별 모양의 제로 포인트에 다가섰다. 원형의 장식 속에 '프랑스 길'이라는 글자가 새겨져 있다. 웅장한 대성당 앞으로 다가섰다. 세 개의 거대한 아치문이 입을 벌리고 있고, 그 위로 수평 띠를 이루며 유대 왕들의 조각이 세밀한 조각으로 새겨져 있다. 중앙 상부에 장미창이 중심을 잡아주고, 양쪽 머리에 투박한 종탑을 세우고 있다. 대성당의 입면이 중세 대성당들과 다르게 근대건축처럼 선이 굵고 담백했다. 이는 아치 위에 수평으로 늘어선 조각상을 배치하기 위해 벽면의 장식들을 최대한 자제하고 종탑마저 첨탑을 세우지 않고 단순하게 처리했기 때문이다.

노트르담 대성당 세 개의 출입문 중에서 중앙 문*을 피해 오른쪽 성 안나~Sainte Anne~의 문으로 들어갔다. 제단으로 도열한 고딕 양식의 신랑을 따라 측랑과 만나는 십자가 정점에 서는 순간 좌우의 지름 13m 스테인드글라스에서 붉은 기운이 뿜어져 나왔다.

제단을 등지고 심판의 문을 바라보며 걸었다. 심판의 문 위에 걸린 스테인드글라스 창문으로 붉은 기운이 계속해서 뻗어 나왔다. 심판의 문 오른쪽의 성모 마리아의 문으로 다가서서 북측 벽을 두리번거렸다. 문틀에서 두 번째 생 드니의 잘린 머리가 새겨진 조각이 보였다. 오른손으로 자신의 잘린 머리를 받치고 왼손으로 이마를

✝ 노트르담 대성당 내부

* 중앙 문은 심판의 문이라 열리지 않는다.

✟ 생 드니의 순교 장면

감싸고 있는 생 드니의 조각이 천사들에 둘러싸여 있었다.

생 드니의 부조는 루이 16세Louis XVI와 그의 아내 마리 앙투아네트Marie Antoinette 왕비가 단두대의 이슬로 사라지는 것을 지켜봤다. 루소의 지지자였던 자코뱅Jacobin당*의 지도자인 로베스피에르Robespierre가 도덕적 독재정치를 휘두르다 기요틴Guillotine**에 그의 목이 잘려지는 것도, 11년 후 코르시카Corsica 병사에서 황제에 올랐던 나폴레옹이 귀양길에 오르는 것도 모두 지켜봤다. 오늘날

* 프랑스혁명 당시에 파리의 자코뱅 수도원을 본부로 한 정치 결사.
** 프랑스혁명 당시 죄수의 목을 자르는 형벌을 가할 때 사용한 사형 기구.

파리가 빛의 도시로 불리는 것은 생 드니의 주검으로 파리에 기독교의 빛을 선물했기 때문이다.

생 드니가 두 손으로 잡고 있는 머리 조각에서 금방이라도 핏방울이 떨어질 듯했다. 중세 순례자들은 생 드니의 잘린 머리를 바라보며 자신의 죽음까지 내려놓았을까. 생사를 알 수 없는 순례자들의 두려운 마음까지 위로받았을까. 중세에는 파리에서 스페인 산티아고 대성당까지 왕복 3,000km가 넘는 순례길 위에서 생을 마감한 사람들이 부지기수였다.

생 드니 부조

블루 다이아몬드
루브르의 피라미드

퐁뇌프Pont Neuf 다리로 센강을 건너자 루브르Louvre 박물관이 나타났다. 루브르 박물관은 원래 시테섬이 좁아 대성당과 가까운 곳에 세운 궁전이다. 도시 중심에 우뚝한 중세 왕궁과 대성당은 칼과 성경처럼 서서 때로는 경쟁하고 때로는 의지했던 중세 권력의 중심이었다.

루브르 박물관은 ㄷ자로 팔을 벌리고 개선문을 바라보고 있다. 샹젤리제 Champs-Élysées 는 근대의 상징인 개선문을 뚫고 곧장 현대의 상징인 라 데팡스

✚ 루브르 박물관

La Défence로 뻗어간다. 파리가 중세 사상의 축 위에 근대와 현대가 지속적으로 발전하고 있다.

박물관의 마당에 높이 21.6m의 유리 피라미드가 파란 하늘을 비추고 있다. 유리 피라미드는 주위에 세 개의 작은 피라미드를 두르고 있다. 중국계 미국인 건축가 이오 밍 페이Ieoh Ming Pei의 설계로 1898년 준공한 유리 피라미드는 이집트 기자Giza의 피라미드와 동일한 기울기로 박물관 지하 로비를 덮고 있다.

궁전 마당에 루브르의 피라미드가 다이아몬드처럼 빛을 발한다. 유리 피라미드 앞으로 튈르리Tuileries 공원이 기하학적 질서로 길과 정원과 연못이 배치돼 있다. 공원 앞의 콩코르드Concorde 광장

✝ 샹젤리제와 개선문

중앙에 오벨리스크Obelisk가 솟아 있다. 1829년 프랑스의 루이 필리프Louis Philippe의 환심을 사기 위해 오스만 튀르크Osman Türk의 총독 무함마드 알리Muhammad Ali가 보내준 선물이다.

오벨리스크는 고대 이집트 태양신의 바늘이다. 사면에 상형문자가 새겨져 있다. 높이 22m, 무게 225t으로 제작돼 태양신 라Ra에게 바쳐졌다. 기원전 1550년 룩소르Luxor 카르나크Karnak 신전 앞에 쌍으로 세워져 있었던 것이다. 1836년 마리 앙투아네트가 단두대의 이슬로 사라진 그 자리에 오벨리스크가 그림자를 늘이고 있었다.

오벨리스크 꼭대기의 황금 피라미드를 건축가가 유리 피라미

✣ 콩코르드 광장의 오벨리스크

드로 옮겨놓았는지는 알 수 없다. 기자의 피라미드가 금성과 북극성으로 뚫린 두 개의 숨구멍으로 부활을 소망했듯이 유리 피라미드는 사면으로 쏟아지는 빛을 지하 박물관으로 불어넣었다. 천국의 사다리를 의미하는 유리 피라미드의 사면은 하늘로 물들어 흡사 블루 다이아몬드 같았다.

피라미드 외부의 볼륨은 풍만하고 내부는 603개의 마름모꼴의 격자 그물로 루브르 박물관의 석조 외벽을 품고 있다. 유리 피라미드 앞에 말을 탄 동상은 16세기 예술품을 수집한 프랑스 1세Francis I다. 그의 수집품이 박물관의 첫 번째 소장품이 됐다.

근대의 상징
파리 개선문

튈르리 공원에서 오벨리스크를 바라봤다. 엘리제Élysée의 들판이라는 뜻의 샹젤리제를 따라 오벨리스크가 개선문의 아치 속으로 한 치의 어긋남도 없이 담겨 있다.

오늘날 파리가 아름다운 도시로 불리는 이유는 중세 전통을 기반으로 근대와 현대가 미래로 나아가고 있기 때문이다. 근대 파리의 상징인 개선문은 샹젤리제가 향하는 축을 타고서 21세기를 상징하는 그랑드 아르슈Grande Arche*로 향하고 있다.

19세기 중반 오스만Haussmann 남작이 거미줄 골목의 파리 중심에 개선문을 세우고 방사형 12거리를 뚫었다. 치한들의 천국이

---

* 프랑스혁명 200주년을 기념하는 신 개선문.

✦ 개선문

었으며 작은 화재에도 속수무책이었던 파리가 개선문을 지팡이 삼아 중세 누더기를 벗어던지고 근대로 일어섰다. 혹자는 19세기 초에 프랑스 이민자들이 개발한 쿠바의 시엔푸에고스Cienfuegos의 바둑판 구획을 보고서 파리 12거리를 구축했다고 한다.

예수의 열두제자를 상징하는 12거리는 빛과 · 꽃의 도시인 파리를 상징하며 별의 왕관이라 불린다. 그 별은 노트르담 대성당의 제로 포인트 속의 별이자 파리에 신앙의 빛을 선물한 생 드니의 별이었다. 1806년 37세 나폴레옹의 생일날 그가 직접 초석을 다진 개선문은 로마 티투스Titus 황제의 개선문을 본뜬 것이다. 유대왕국을 정복하고 개선문 아래로 귀환했던 티투스 황제처럼 나폴레옹 역시 유럽을 정복하고 개선문 아래로 귀환하고 싶어 했다. 그러나 나폴레옹은 살아서 개선문으로 돌아오지 못했다.

높이 50m, 폭은 45m에 달하는 개선문 아치로 다가섰다. 샹젤리제를 걸어 곧장 신 개선문인 그랑드 아르슈로 향했다. 아치 천장에는 삼색기가 바람에 나부끼고 바닥에는 무명용사의 햇불이 타오르고 있다.

토목 엔지니어가 지은
에펠탑

　센강에서 가장 아름다운 알렉산더 3세 Alexandre Ⅲ 다리 너머로 에펠탑이 보인다. 프랑스혁명 100주년을 기념해 1889년 완공한 에펠탑은 박람회 기간에만 서 있을 임시 건물이었다. 샹젤리제 남쪽, 센강의 습지에 서 있지만 파리에서 가장 높은 324m*로 파리의 랜드마크가 됐다. 에펠탑은 혁명의 도시 파리에 가장 잘 어울리는 건축물이다.

　에펠탑을 세운 귀스타브 에펠 Gustave Eiffel 은 건축가가 아니라 철제 교량을 만드는 토목 엔지니어였다. 브루넬레스키 Brunelleschi 역시 시계 수리공으로 로마에서 석조 건축을 10년간 연구하고 나

---

* 빌딩 81층 높이.

서 브루넬레스키의 돔으로 불리는 피렌체Firenze의 두오모Duomo 성당의 돔을 지었다. 브루넬레스키가 부축 벽 없이 돔의 외벽과 내벽 사이에 계단을 설치해 인장력과 압축력에 동시에 지탱하는 돔을 지었듯이 에펠은 다리 만드는 기술을 응용해 에펠탑을 세웠다.

알랭 드 보통Alain de Botton은 『행복의 건축』에서 "건축에서 아름다움을 논의하는 데 반대한 사람들은 엔지니어라는 새로운 종류의 사람들이었다. 이들은 18세기 말에야 전문직 종사자로 인정을 받았지만, 그 뒤로 산업혁명기에 새로운 건물을 짓는 과정에서 금세 지배적인 위치에 올라섰다."고 했다. 이전에 단 한 번도 보지 못한 주철로 세운 에펠탑은 프랑스혁명의 상징처럼 파리 하늘에 우뚝했다.

에펠은 네 개의 콘크리트 우물 통 기초 위에 거대한 철골 아치 기둥을 세우고, 그 위로 2단의 낭하를 수평으로 걸치고서 철탑을 세우고 그 꼭대기에 전망대를 설치했다. 네 개의 아치 기둥 속으로 들어서는 순간 사방으로 하늘이 열렸다.

에펠탑은 파리의 하늘을 가리지도, 주변 건물의 전망을 가리지도 않았다. 언제 어디서나 파리의 풍경을 담아내는 열린 눈이었다. 276m 꼭대기 전망대에서 파리의 전망을 즐긴 사람이나, 112m 쥘 베른Le Jules Verne 레스토랑에서 낭만을 즐긴 사람이나, 잔디 마당에서 에펠탑을 쳐다보는 사람들이나, 누구나 단숨에 에

✟ 알렉산더 3세 다리에서 본 에펠탑

펠탑의 매력에 빠지고 만다. 그것은 에펠탑이 중세 돌의 시대를 벗어던지고 철의 시대, 마천루의 시대를 견인했기 때문이다.

   3세기 중엽 파리에 기독교를 전파하고 순교한 생 드니 주교와 18세기 프랑스혁명의 사상이 에펠탑에 담겨 있다. 그 사상의 핵심은 시대의 한계를 벗어던지고서 다음 시대로 걸어간 자유의 정신이다. 밤이 되면 에펠탑은 자유의 횃불이 되어 파리의 밤을 밝힌다. 모파상Maupassant을 비롯한 파리의 지식인들이 삭막한 주철 탑이 파리 하늘을 가린다고 비난하며 허물 것을 주장했다. 그 에펠탑을 살려낸 사람들은 파리 시민들이었다.

에펠탑을 뒤로하고 육군사관학교를 지나 파리의 남쪽, 가난한 예술가들이 기대 살았던 몽파르나스 공동묘지로 걸었다. 가난한 예술가들이 집세가 비싼 몽마르트르 공동묘지 주변에 살 수 없게 되자 그들이 모여든 곳이 집세가 싼 오늘날 몽파르나스 공동묘지 주변이었다. 가난한 모딜리아니 Modigliani, 피카소 Picasso, 헤밍웨이 Hemingway의 추억이 남아 있는 르 돔 Le Dôme에서 멈췄다.

✚ 에펠탑

 오늘날 파리가 매력적인 것은 순례길의 제로 포인트여서도 아니고, 단순히 아름답기 때문은 더욱 아니다. 중세와 근대의 아픈 역사를 사랑으로 감싸고 미래로 묵묵히 걸어가고 있기 때문이다. 순례길을 본격적으로 걷기 전에 파리의 역사를 되새겨보는 게 좋다.

대지의 바늘
생 미셸 성당

몽파르나스 역을 출발한 테제베TGV, Train à Grande Vitesse가 속도를 높이자 파리의 흔적들이 허물처럼 떨어져나갔다. 기차는 어느새 투르Tours를 지나 푸아티에Poitiers로 달렸다. 투르, 푸아티에, 보르도Bordeaux로 이어지는 이 길에 상처와 영광이 교차했다. 스페인을 집어삼킨 이슬람 코르도바 총독 알 라흐만Al-Rahman은 732년 피레네산맥을 넘어 프랑스 아키텐Aquitaine 지역*을 초토화시켰다. 아키텐의 공작 에우도Eudo는 허겁지겁 프랑코 왕국에 도움을 청했다. 그때 이슬람 군대를 맞은 이가 쇠망치란 별명을 지닌 카를 마르텔Charles Martel**이었다. 그는 손에 쟁기 밖에 든 적이 없는 농민을

---
* 오늘날 보르도 지역.

✟ 생 미셸 성당

훈련시켜 투르-푸아티에 전투에서 이슬람 군대를 물리치고 프랑코 왕국을 구했다.

이후 샤를마뉴Charlemagne***가 전설의 12기사들을 대동하고 프랑스 남부와 스페인 북부에 남아 있던 이슬람 군대를 소탕하기 위해 이 길을 지나갔다. 10세기 이후 유럽의 순례자들이 이 길을 따라 산티아고 대성당으로 걸어갔다. 1807년 나폴레옹 군대가 이 길을 따라 포르투갈을 침공하고 스페인을 집어삼켰다. 1936

** 732년 투르-푸아티에 전투에서 이슬람 세력을 물리치고 '유럽의 영웅'으로 떠올랐다. 샤를마뉴의 할아버지.
*** 서유럽을 통일하고 황제에 즉위한 카롤링거 왕조의 군주. 프랑스어로 '샤를 대제'를 뜻하는 이 이름은 독일에서는 '카를 대제Karl Magnus'로 불리고, 그의 생전에는 라틴어로 '카롤루스 대제Carolus Magnus'로 표기됐다.

년 수많은 의용군들이 프랑코Franco의 민족전선에 맞선 인민전선에 힘을 보태기 위해 이 길을 따라 스페인내란에 참여했다. 이 길을 따라 인간의 욕망이 강물처럼 흘렀다.

옆자리에 앉은 프랑스 아주머니 플로렌스는 이번 순례길이 세 번째라고 했다. 생장피드포르에서 첫 순례길을 걸었고, 르 푸이*에서 두 번째 여정을 했고, 이번에는 바욘Bayonne에서 산세바스티안San Sebastián, 오비에도로 이어지는 산티아고 북쪽 길을 걷는다고 했다. 기차는 어느새 보르도 시가지를 가로질렀다. 8세기 이슬람 군대의 말발굽이 내달렸던 들판엔 포도나무 넝쿨들만이 줄지어 지평선까지 이어졌다.

도르도뉴Dordogne강을 가로지르자 생 미셸Saint-Michel 성당의 종탑이 하늘을 찌르고 있는 게 보였다. 성당에서 떨어져 광장 중앙에 홀로 서 있는 종탑은 높이가 114m로 15세기에 지은 것이다. 돌로 지은 에펠탑을 떠올리는 종탑의 1층은 기둥으로 둘러싸여 있는 홀이고 그 위로는 높다란 석벽 위에 종루가 달려 있으며 그 위로는 뾰족한 첨탑이 있다.

* 프랑스 사람들이 가장 좋아하는 순례길.

통과의 발
생장피드포르 노트르담 성당

바욘 역에서 생장피드포르행 버스에 올랐다. 피레네산맥을 당기며 산길이 구불구불 이어졌다. 양떼들이 2차선 아스팔트 길을 막고서 뒤뚱거리자 버스가 멈췄다.

버스가 생장피드포르 기차역 앞의 작은 광장에서 멈췄다. 중세 생장피드포르는 프랑스와 스페인 어느 쪽에도 속하지 않았던 바스크 Basque 민족의 영토였다. 스페인 팜플로나 중심의 나바

✝ 피레네산맥의 양떼들

라 왕국의 산초Sancho 왕이 1212년 건설한 생장피드포르 성이 여러 번의 중수를 거치며 오늘날까지 남아 있다.

생장피드포르는 피레네산맥을 넘어가는 관문으로 '통과의 발'이라고 불린다. 중세 파리, 베즐레이, 르 푸이에서 걸어온 여행자들이 생장피드포르에서 모여 피레네산맥을 넘었다. 성으로 가는 오르막길에는 바스크 지방 특유의 나무 발코니와 추녀들이 중세의 향기를 뿜어냈다. 사방이 훤히 내려다보이는 요새는 피레네 산바람이 차지하고, 성벽에 뚫린 총안으로 마을이 액자처럼 걸렸다. 성벽의 심장부에는 낡은 병영만이 을씨년스럽게 남아 있다.

순례자 사무소에서 여권을 받아들고 언덕 아래 니베Nive강가의

✙ 생장피드포르 성으로 가는 오르막길

14세기 고딕 양식의 노트르담 성당으로 걸었다. 붉은 사암으로 밋밋한 벽을 쌓아올리고 박공지붕을 얹은 주택들이 길가에 바투 서 있어서 길은 하늘로 열린 회랑 같았다. 길 끝에 종탑의 1층 아치문이 나타났다.

프랑스어로 노트르담은 성모 마리아를 뜻한다. 노트르담 성당은 성

✟ 생장피드포르의 노트르담 성당과 종탑

모 마리아의 환송을 받으며 산티아고 대성당으로 떠나는 프랑스의 마지막 문이다. 길에 면해 서 있는 성당은 박공지붕 아래 둥근 창을 뚫고, 그 아래 여러 겹 들여쌓은 아치 장식의 출입문을 세웠다. 성당 내부로 들어서자 뾰족아치 반원 돔 아래 제단이 서쪽 출입구를 바라보고 있고, 벽면에 박힌 스테인드글라스 창은 아름다웠다.

노트르담 성당의 매력 포인트는 니베강가에 우뚝 서 있는 종탑이다. 성모 마리아가 왼손으로 길을 막고서 길 떠나는 순례자를 한 사람 한 사람 품어주는 듯했다. 알랭 드 보통은 『행복의

건축』에서 "건축에는 도덕적 메시지가 담겨 있을 수도 있다. 다만 그것을 강요할 힘이 없을 뿐이다."라고 했다. 건축은 그 시대의 문화를 담고 있는 그릇이다. 중세 노트르담 성당은 니베강에서 길 떠나는 순례자를 품어줬다.

1998년 이 노트르담 성당은 유네스코 세계문화유산으로 등록됐다. 작은 성당에 담긴 역사적인 진실이 결코 가볍지 않았기 때문이다. 이 문은 스페인으로 떠나는 문이라는 뜻으로 스페인의 문으로 불린다. 성문 위의 아치 속에 지팡이를 짚고 있는 순례자 조각상이 스페인으로 떠나는 여행자를 물끄러미 굽어봤다.

순례자의 공식 체류지

팜플로나

론세스바예스→팜플로나

팜플로나 대성당

피레네산맥을 넘어서면 스페인 론세스바예스의 산티아고 성당이 나타난다. 산티아고 대성당과 그 이름이 같다. 이는 산티아고 성당이 스페인의 실질적인 관문이라는 뜻이다. 산티아고 성당에서 팜플로나 대성당으로 이르는 길은 중세 나바라 왕국의 길이다. 피레네 산줄기가 들판에 낮게 내려앉는 곳에 팜플로나 대성당이 성벽을 두르고 서 있다. 중세 팜플로나 대성당은 수도원과 병원과 대학을 갖춘 복합 종교 단지였다.

유럽으로 열린 스페인의 문
피레네산맥

 피레네산맥은 봉우리마다 안개를 두르고 있었다. 뭉게구름이 떠 있는 하늘을 머리에 이고 피레네산맥을 오른다. 목동들의 수호신인 비아코리Biakorri 성모상까지 올라가자 안개구름이 회오리치며 사람들의 형체를 지워버렸다. 산바람이 벤타르테아Bentartea 언덕을 쓸고 지나가자 기온이 곤두박질쳤다. 안개 속에 황소 한 마리가 무아지경의 눈빛으로 어딘가를 바라보고 있다. 고대부터 힘의 상징으로 숭배받았던 황소는 스페인 투우로 이어졌다. 황소는 '아름다운 문'으로 불리는 출구로 투우장에 들어서면 다시는 되돌아갈 수 없다는 것을 직감적으로 깨닫는다. 자신의 남은 시간을 처절하게 싸우다 핏빛 노을 속으로 사라진다.
 피레네산맥이 스페인 국경으로 향했다. 오른쪽으로 천길만길 낭떠러지가 계곡으로 흘러내리고, 계곡에서 물안개가 스멀스멀 부풀어 올랐다. 여행자들이 하나 둘 안개구름을 타고 걸었다.

나폴레옹은 피레네산맥의 남쪽을 아프리카라고 불렀다. 스페인 98세대 지성으로 불리는 미겔 데 우나무노Miguel de Unamuno는 『스페인 기행』에서 "우리는 아프리카인이다. 우리는 유럽인들과 달리 빈정대는 해학가나 수학자가 아니다. 우리의 정신은 다르다. 우리는 신비적이고 비극적이다. 우리는 유럽의 문화에 적응할 능력이 없다. 그러나 그런 무력함은 우리에게 새로운 문화를 만들 힘을 줄 것이다"라고 했다.

19세기 말 스페인 사회철학자 앙헬 가니베트Ángel Ganivet는 "우리는 두 개의 문을 가진 하나의 집이다. 그 문은 바로 피레네산맥과 지브롤터해협이다. 한쪽은 유럽을 향해 열려 있고, 다른 한쪽은 아프리카를 향해 열려 있다."라고 했다.

유럽 사람들은 종종 피레네산맥을 스페인 타파스tapas*에 비유했다. 스페인 세비야Sevilla에서는 무더운 여름철, 셰리sherry**나 와인을 컵에 따른 후 먼지가 앉는 것을 방지하기 위해 잔 위에다 얇은 빵을 덮는다. 여기서 타파스가 유래했다. 세비야는 한때 스페인 이슬람 왕국의 수도였고 15세기 말에는 콜럼버스Columbus가 함선 세 척을 이끌고 신대륙으로 떠났던 항구도시였다.

---

* 스페인에서 식사 전에 술과 곁들여 간단히 먹는 소량의 음식.
** 스페인 남부 지방에서 생산되는 백포도주.

오늘날 스페인이 유럽과 다른 독창적인 문화를 꽃피울 수 있었던 것은 피레네산맥으로 유럽과 차단돼 여덟 세기 동안 이슬람 지배를 받았기 때문이다. 피레네산맥은 유럽으로 열린 유일한 스페인의 문이었다.

언덕 아래 샤를마뉴의 12기사 중 한 사람이었던 롤랑Roland 장군의 샘물이 실한 물줄기를 뿜어냈다. 샘물은 롤랑이 프랑스에서 넘어올 때 마셨다는 전설이 있다. 해발 1,344m 벤타르테아 언덕을 밀어내자 더 높은 레푀데르Lepoeder 언덕이 나타났다. 울퉁불퉁 내리막 돌길을 내려서자 아스팔트 도로가 나타나 이바네타Ibañeta 언덕까지 이어졌다.

동쪽 언덕에는 롤랑의 기념비가 투박한 화강석 기둥을 세우고 론세스바예스를 굽어보고 있다. 8세기 말 론세스바예스 전투에서 패한 샤를마뉴가 프랑스로 회군하던 중 후방 경계를 맡은 롤랑 장군의 부대가 이슬람 군대의 습격을 받았다. 그때 롤랑 장군이 싸우다 죽었다고 전해지는 자리에 그의 비석이 서 있다.

✝ 롤랑의 기념비

순례자의 성당
론세스바예스 산티아고 성당

론세스바예스에 도착하자마자 배낭을 침대에 던져놓고 산타 마리아 왕립 성당Real Colegiata de Santa María으로 향했다. 마당을 중심으로 알베르게albergue* 와 성당과 박물관과 레스토랑이 둘러싸고 있는 복합건물은 중세 수도원처럼 아늑했다. 왕립 성당으로 들어서자 17세기 바로크Baroque 양식의 천개가 스테인드글라스 수직창의 빛을 받아 번쩍거렸다.

중년 남자가 왼쪽 모퉁이 지하 계단으로 불빛을 안고 올라왔다. 그 불빛을 따라 지하 계단으로 내려갔다. 좁은 계단 아래 지하 성소는 사각 평면 위로 오목 볼트vault 천장을 가지고 있었다.

---

* 스페인어로 '숙박지' 혹은 '작은 호텔'이라는 뜻으로, 산티아고 순례길의 순례자들을 위한 저렴한 숙소의 의미로 많이 쓰인다.

✞ 산타 마리아 왕립 성당 내부

의자와 십자가로 장식된 손바닥만 한 지하 동굴이었다. 10세기 땅속에서 아기 예수를 안고 있던 성모 마리아 황금 조각상을 발견했다는 전설을 지하 공간에 재현해 놓았다. 이는 별빛을 따라가다 산티아고 무덤을 발견했다는 산티아고의 신화를 그대로 빼다 박았다.

아치 대문을 지나 정원으로 난 길을 따라 산티아고 성당으로 향했다. 산티아고 성당은 13세기 고딕 양식이지만 작고 소박했다. 파리 노트르담 대성당과 생장피드포르의 노트르담 성당이 같은 이름을 쓰고 있듯이 론세스바예스 산티아고 성당 역시 산티아고 대성당의 이름을 달고 있다. 이는 산티아고 성당이 스페인의 진정한 대문이라는 뜻이기도 하다.

✚ 론세스바예스의 산티아고 성당과 나란히 서 있는 성령의 소성당

　박공지붕 아래 원형 창과 아치 출입구가 전부인 산티아고 성당 내부를 들여다봤다. 제단을 둘러싼 거친 석벽 사이로 수직 창이 보이고 그 앞으로 순례자 조각상이 제단을 굽어보고 있다. 칼 같은 빛은 마치 산티아고가 순례자 조각상을 비추는 듯했다. 사람들이 산티아고 성당을 순례자의 성당으로 부르는 이유다.
　박공지붕 위로 솟아오른 종탑에는 종 하나가 달랑 걸려 있다. 중세 피레네산맥을 넘어온 순례자들이 이 종소리를 듣는 순간 마음으로 산티아고를 영접했으며, 성당에 들어서는 순간 산티아고의 품에 안겼고, 제단에 엎드려 가슴으로 산티아고의 손을 잡

앉을 것이다.

산티아고 성당 남쪽으로 짧은 아치교 위에 2단의 회색 지붕을 얹은 성령의 소성당이 있다. 여린 빛으로 물든 아치 회랑이 거뭇거뭇한 석조 제단을 품고 있다. 이곳에서 가장 오래된 소성당은 롤랑 장군이 두란다르트Durandart, 보검로 내려쳤다고 전하는 전설의 바위 위에 쌓아올렸다. 뾰족하게 쌓아올린 석조 아치가 돌의 제단을 정성스럽게 품고 있고, 그 아래 왕관을 닮은 둥근 철제 보개가 빛났다. 12세기 로마네스크Romanesque식 성령의 소성당이 산티아고의 무덤을 바라보고 있다.

✝ 성령의 소성당

도둑들의 다리
라라손아냐

  론세스바예스에서 팜플로나 대성당으로 향하는 길은 10세기에서 11세기 초 스페인 반도를 호령했던 나바라 왕국의 영토였다. 나바라 왕국을 세운 바스크인들은 피레네산맥의 남북에 자리해 프랑스와 스페인 어디에도 속하지 않았고 독자적인 언어를 사용하면서 살았다. 오늘날 팜플로나 중심의 남부 바스크 지역은 스페인 문화를 수용하며 온순하게 살아가지만 대서양과 인접한 빌바오Bilbao와 산탄데르Santander 중심의 북부 바스크인들은 바스크어를 사용하며 분리 독립을 외치고 있다.

  숲길을 벗어나 신작로에 들어서자 저만치 부르게테Burguete의 불빛이 안개 속에 흔들렸다. 부르게테는 헤밍웨이가 팜플로나의 번잡함을 피해 집필을 하던 곳이다. 헤밍웨이가 미사를 드렸을 산 니콜라스 데 바리San Nicolás de Bari 성당이 듬직하게 자리 잡고 있다. 론세스바예스가 피레네산맥의 공식적 첫 마을이지만 주민이 살고 있는 세속적 첫 마을은 부르게테다.

부르게테를 지나 가로수 길을 빠져나오니 저만치 에스피날Espinal이 보였다. 에스피날은 1269년 나바라 왕 테오발도 2세Teobaldo II에 의해 만들어졌으나 중세의 흔적은 거의 남아 있지 않다. 1961년 신축된 산 바르톨로메San Bartolomé 성당은 뾰족지붕을 얹고 있다. 성당 오른쪽으로 고색창연한 탑은 종탑이 아니라 중세 비석이다. 밋밋하게 쌓아올린 비석은 거의 십여 미터에 이른다. 세월에 더께가 내려앉은 벽에는 둥근 시계가 걸려 있고 꼭대

✢ 산 니콜라스 데 바리 성당

기에는 철 십자가가 박혀 있다. 13세기에서 18세기까지 비석들이 세워졌다고 전해지지만 오늘날 하나만 남아 있다. 이 비석은 죽은 사람이 천국으로 오르는 사다리였다.

전설로 남아 있는 롤랑의 발자국을 지나 에로Erro 고개를 올랐다. 중세 도둑들의 천국으로 알려진 울창한 소나무 군락 사이로 햇살이 반짝였다. 에로 고개를 넘어 내리막길의 끝에 바스크어로 다리의 마을이라는 뜻의 수비리Zubiri에 도착했다. 아르가Arga 강을 가로지르는 라 라비아La Rabia* 다리는 12세기 고딕 양식의 다리 교각에 키테리아Quiteria 성인의 유물을 모셨다고 전한다. 수비리 입구에 서 있는 산 에스테반San Esteban 성당은 카를리스타Carlista 내전 동안 요새로 사용되다 1836년 파괴됐고 다시 복원됐다. 투박한 사각형 종탑은 영락없는 중세 망루였다.

수비리에서 5km 거리에 수비리를 꼭 닮은 라라소아냐Larrasoaña가 나타났다. 두 개의 아치로 이루어진 14세기 다리는 중세 도둑들이 들끓어 도둑들의 다리로 불렸다. 다리를 건너 11세기 상업도시로 번창했던 라라소아냐의 동사무소 앞으로 다가서자 이 마을 소녀들이 전통춤을 추며 반겼다.

* 스페인어로 광견병이라는 뜻.

✝ 산 바르톨로메 성당

산 에스테반 성당

순례자의 신분 조회
팜플로나 프랑스의 문

중세 팜플로나 위성도시였던 부를라다Burlada를 지나 아르가강으로 다가서자 물푸레 나뭇가지 사이로 성벽이 희끗희끗 그 형체를 드러냈다. 막달레나Magdalena 다리를 넘어서자 오각형 성벽의 비스듬한 담장이 보였다. 스페인 합스부르크Habsburgo de España 혈통의 펠리페Felipe 2세가 16세기에 건설한 팜플로나 성은 오늘날 팜플로나의 상징이 됐다. 펠리페 2세는 한때 프랑스를 무찌르고 일곱 개 바다를 지배하며 해가 지지 않는 나라를 호령했다.

오각형의 돌출 성벽과 외곽으로 낮게 앉은 날개 성벽 사이로 곡선 길이 흘렀다. 길이 성벽과 만나 오른쪽으로 곡선을 그리는 곳에 아담한 석조 문이 있다. 박공지붕 아래 아치가 뚫려 있는 이 문의 이름은 프랑스의 문이다. 18세기 카를리스타 내전 기간 동안 수말라카레기 Zumalacárregui가 전쟁에 참여하기 위해 성문을 몰래 빠져나갔다는 이유로 수말라카레기 문으로 불리기도 한다. 생장피드포르의 스페인의 문을 떠난 순례자들을 팜플로나의 프랑스의 문이 마중한다. 생장피드포르의 스페인의 문이 섭섭한 마음으로 떠나보내는

✢ 프랑스의 문

성모 마리아의 손이라면 프랑스의 문은 버선발로 뛰어나와 손을 잡아주는 어머니의 품이다.

입구에서 바라본 프랑스의 문의 아치 위에는 머리가 두 개 달린 황제의 문장이 있다. 근엄하지만 그 규모가 작아 볼수록 친근하다. 녹슨 밧줄에 철제다리 상판이 장난스럽게 걸려 있다. 18세기 문 앞에 바닥을 파서 만든 해자 위에 철제 다리를 얹고 쇠사슬을 회전 바퀴에 걸어 유사시 개폐식으로 들어 올릴 수 있도

록 만들었다.

아치문으로 들어서는 순간 두 개의 녹 쓴 바퀴가 아치 천장에 박혀 쇠사슬을 늘이고 있다. 외부의 적을 막기에는 지나치게 소박하고 내부의 적을 단속하기에는 너무 형식적이다. 프랑스의 문은 조선 시대 한양의 성문처럼 적을 방어하기보다 성안의 치안을 유지하며 순례자들의 신분을 조회하던 시설로 보인다.

그리스인의 이상
팜플로나 대성당

    성벽으로 둘러싸인 팜플로나 시가지를 걸었다. 삐뚤빼뚤 중세 길이 엮어진 팜플로나는 로마 시대부터 번성한 나바라 왕국의 수도였다. 중세 대성당은 신의 궁전으로 대부분 도시의 중심에 서서 인간 세상을 지배했다. 그러나 팜플로나 대성당은 도시 중심에서 훌쩍 떨어져 동쪽 성벽 위에 올라타고 있었다. 산타 마리아 대성당으로도 불리는 대성당은 흡사 성모 마리아가 팔을 벌리고서 팜플로나를 품어주는 모습이다.

    대성당은 스틸 담장을 두르고 웅장하게 서 있다. 유럽의 어느 대학 본관을 보는 듯 장중한 열주 회랑 세우고 그 위에 페디먼트_{pediment}*를 이중으로 사용했다. 좌우에는 종탑을 세웠다. 종탑 꼭대기의 종루를 지우면 영락없는 대학 본관 건물의 모습이다. 고딕 대성당의 전형인 장중한 출입문은 열주회랑에 가려 보이지 않았다. 대신 낮은 기단 위에 우람한 네 개의 열주가 앞뒤로 한 쌍이 되어 페디먼트를 눌러쓰고 있다. 대성당은 그리스의 장엄함으로 세워져 있는 것이다.

대성당의 정면은 중세 절대 신앙의 상징이었던 고딕 양식을 벗어던지고 신고전주의 양식으로 그리스의 웅장함을 담아냈다. 돌의 경전을 묘사하는 예수와 성인들의 조각들과 천국과 지옥을 상징하는 부조들은 사라지고 없었다. 파르테논Parthenon 신전과 마찬가지로 열주가 현관 입구 앞뒤로 네 줄로 서서 직사각형 출입구를 가리고 있다. 열주의 머리 위에도 코린트 양식의 주두가 그리스인의 이상을 발산했다.

로마의 작가 비트루비우스Vitruvius는 『행복의 건축』에서 도리아Doria 양식**의 기둥은 근육질의 영웅을 떠올리고, 이오니아Ionia 양식*** 기둥은 헤라Hera 여신의 아름다움을 떠올리고, 코린트Corinth 양식**** 기둥은 바람난 여신 아프로디테Aphrodite를 떠올린다고 했다. 대성당의 입면을 코린트 양식 기둥으로 장식한 것은 그리스인의

* 주로 서양 고대 건축물에서 정면 상부에 있는 박공 부분.
** 도리스인들이 창시한 고대 그리스의 건축양식. 기둥이 굵고 주춧돌이 없으며 기둥머리 장식이 역원추 모양으로 간소하나 장중미가 있음.
*** 고대 그리스에서 발달한 건축양식. 아테네 전성기 때 이오니아 지방에서 발생해 100년가량 성행. 우아하고 경쾌한 것이 특징.
**** 기원전 6세기부터 기원전 5세기경 그리스의 코린트에서 발달한 건축양식. 화려하고 섬세하며, 기둥머리에 아칸서스 잎을 조각한 것이 특징.

성실과 장엄함에 아프로디테의 미와 사랑을 담아 새로운 시대를 열어가겠다는 의지로 읽혔다.

중세 나바라 왕의 즉위식이 열린 팜플로나 대성당은 왕국의 정신을 지배했던 신의 궁전이었다. 바스크인의 열정이 느껴지는 대성당은 여러 시대에 걸쳐 무너지고 다시 짓기를 반복했다. 10세기 코르도바 칼리프khalfa 압드 알 라흐만 3세Abd-at-Rahman III의 공격을 받아 파괴된 대성당을 11세기 산초 3세가 재건하고, 12세기 중건한 로마네스크 양식의 대성당을 15세기 고딕 양식으로 증축했다. 18세기 말 벤투라 로드리게스Ventura Rodriguez가 신고전주의 양식의 입면으로 개조했다.

18세기 현관을 지나 회중석으로 들어갔다. 15세기 프랑스의 영향을 받은 열주가 장대하게 서서 반원형의 리브볼트rib vault* 천장을 받치고는 시선을 제단으로 이끌었다. 열주 사이로 제단을 바라보는 순간 신 앞에 홀로 서 있을 수밖에 없었던 중세 순례자의 마음이 됐다.

라틴십자 평면의 중심에 그 흔한 돔조차 박아놓지 않아서 열주가 더 강력한 질서로 다가왔다. 대성당의 높은 층고는 신을 경배하는 인체 치수에 바탕을 두고 설계됐다. 그리스 아테네 신전**의 비례를 중세 건축가들이 독창적인 방법으로 열주와 볼트 천

---

* 교차 볼트의 교차선 아래에 아치를 붙인 궁륭식 구조. 고딕 건축에 많이 쓰임.
** 황금비가 아닌 것으로 판명됐다.

✝ 팜플로나 대성당

장에 적용해 돌의 물성에 정신을 부여했다. 겉으로 잘 드러나지 않지만 대성당의 열주와 돔과 볼트 천장에는 신심을 고양시키기 위한 전략이 숨어 있다. 열주는 나약한 인간의 마음에 믿음을 불어넣어주었던 신의 지팡이, 하늘과 소통했던 사다리였으며 볼트 천장은 인간이 결코 도달할 수 없는 신의 현시를 상징했다.

스페인의 천재적인 건축가 가우디Gaudi는 대성당의 회중석을 영혼의 숲이라 불렀다. 어둠이 내리면 온갖 새들과 짐승들이 숲을 파고들듯이 세파에 상처받은 영혼들이 찾아드는 영성의 숲이 대성당이라 믿었다. 이런 연유로 가우디는 대성당의 열주들을 하나같이 나뭇가지 모양으로 잘게 나누어 천장을 숲처럼 장식했다. 그러나 팜플로나 대성당의 회중석은 웅장한 열주들이 리브 볼트 천장을 우산살처럼 지지했다. 철책으로 막아놓은 제단 앞에는 나바라 왕국을 반석 위에 올렸던 카를로스 3세Charles Ⅲ와 그의 아내의 능묘가 노란 대리석 조각상 안에 나란히 누워 있다.

팜플로나는 11세기 순례길의 공식 체류지가 되고, 12세기 프랑스 길을 정비했다. 13세기 무렵 유럽의 대성당들이 앞다퉈 수도원을 짓고 대학을 세워 학문을 장려했듯이 팜플로나 대성당 역시 수도원과 대학을 짓고 신학의 빛으로 중세를 밝혔다. 대성당 동쪽의 13세기 수도원의 회랑이 그 사실을 증명하고 있다. 수도원 회랑 천장을 장식한 리브볼트가 15세기 대성당의 천장에 그대로 남아 있다. 수도원 중정으로 열린 우아한 아치가 대성당의 벽에도 그대로 남아 있다.

 15세기 회중석의 남쪽 벽에 13세기 중정으로 나가는 출입문이 비밀스럽게 박혀 있다. 둔탁한 문을 지나면 회랑 끝에 고딕 양식의 아치가 보인다. 그 속에 성모의 영면을 묘사한 15세기 부조가 새겨져 있다. 중세 아치는 완벽한 신의 사랑을 의미했다. 그중에서도 뾰족아치는 기도하는 성모 마리아의 손을 떠올린다.

 뾰족아치 아래 팀파눔tympanum*에 성모 마리아가 죽음에 이르는 과정을 사실적으로 조각해 놓았다. 팀파눔 아래 둥근 기둥에는 아기 예수를 안고 있는 성모 마리아 조각상이 금방이라도 걸어 나올 듯 생생했다. 성모의 영면은 산티아고 대성당의 영광의 문을 축소해놓은 모습이다.

✠ 성모의 영면(수도원 중정으로 나가는 길목에 있는 문)

* 그리스식 건축의 지붕에 의해서 구획된, 박공지붕 윗부분의 벽.

장식의 백화점
팜플로나 시청

팜플로나의 중심을 지키고 있는 시청은 17세기 바로크 양식으로 지어졌다. 시청 앞 작은 광장의 아래 두 블록 떨어진 곳에 중앙 광장이 있다. 페디먼트 옥탑 아래 쌍으로 선 네 개의 열주 기둥이 3층으로 구획된 입면에 질서를 세웠다. 1층은 도리아식, 2층은 이오니아식, 3층은 코린트식으로 주두를 각각 다르게 조각했다.

바로크 양식의 특징은 그리스·로마의 양식들로 콜라주한 장식의 백화점이다. 페디먼트 위에는 천사가 나팔을 부는 장식 좌우로 이름을 알 수 없는 장식들이 어지럽고, 층층이 다른 기둥 장식과 곡선의 스틸 장식이 서로 자신들의 이야기를 하고 있어 눈이 혼란스러웠다. 3층 발코니에 걸린 초록, 노랑, 빨강, 파랑

깃발들마저 바로크 장식의 일부로 느껴졌다. 이곳 발코니에서 산 페르민San Fermín* 축제의 시작을 알리는 팡파르가 매년 울린다. 팜플로나의 영광이 21세기 산 페르민 축제로 이어지고 있었다.

팜플로나를 세계적으로 알린 것은 산 페르민 축제다. 축제의 하이라이트는 단연 '소몰이'다. 헤밍웨이의 소설 『태양은 다시 떠오른다』에 소개되면서 세계적으로 유명해졌다. 평소 투우, 권투, 사냥을 즐겼던 헤밍웨이는 죽음을 불사하며 황소와 달리는 소몰이에서 남성적인 에너지를 느꼈다. 매년 7월 6일 오전 여덟 시, 시청 서북쪽 나바라 박물관 앞에서 소몰이가 시작돼 시청을 가로지르고서 에스타페타estafeta, 우체국 거리를 ㄱ자로 관통해 남쪽의 투우장으로 달려간다. 그리고 투우가 시작된다.

매년 7월 6일부터 14일까지 8일 동안 광란의 질주가 도시 한복판을 가로

✤ 팜플로나 시청

* 팜플로나의 수호성인.

지른다. 전통 복장을 한 소몰이꾼들이 황소의 뿔 앞에서 달린다. 황소의 날카로운 뿔과 최대한 가까운 거리에서 달리는 것을 그들은 명예스럽게 생각한다. 치명적인 상처를 입을 수 있는 그들의 행위가 만용인지 미친 짓인지 알 수 없을 정도다.

황소의 뿔 앞에서 무모하게 달리는 소몰이에 바스크인의 열정이 담겨 있다. 오늘날 팜플로나 시민들은 북부 바스크 지역처럼 분리 독립을 외치지도 않고, 유혈 충돌도 일으키지 않는다. 그러나 그들이 벌이는 소몰이 속에 이방인으로 살아온 바스크인의 열정이 흐르고 있음을 짐작할 수 있다.

✟ 나바라 박물관

카스티야 왕국의 머릿돌
부르고스
로그로뇨→나헤라→부르고스

부르고스 대성당 남측 출입구 상부

팜플로나 대성당에서 부르고스 대성당으로 가는 길은 포도 농장이 더 넓게 펼쳐져 있으며 곳곳에 나바라 왕국의 성당과 왕궁이 박혀 있다. 카스티야 왕조의 초기 수도였던 부르고스에는 스페인 3대 성당 중의 하나로 불리는 부르고스 대성당이 우뚝하다. 이곳에 엘 시드의 묘가 안장돼 있다. 부르고스 남쪽에는 스페인에서 가장 아름다운 산토 도밍고 데 실로스 수도원이 있다.

세 바퀴 돌면 소원이 이뤄진다
산타 마리아 데 에우나테 성당

초원을 가로지르며 페르돈Perdón 고개를 오른다. 스페인어로 용서를 뜻하는 페르돈 고개를 넘기 위해 중세 순례자들은 사리키에기Zariquiegui의 레니에가Reniega 분수로 몸을 깨끗이 단장했다. 페르돈 고개에 오르자 풍력발전기의 프로펠러가 윙윙 소리를 내며 돌아갔다. 피레네산맥이 마지막 위용을 드러내는 페르돈 고개를 내려와 아몬드와 포도나무가 주산지인 무루사발Muruzábal을 가로질렀다.

무루사발은 팔라시오 데 무루사발Palacio de Muruzábal이란 이름의 포도주로 유명하다. 이 포도주의 이름은 17세기 무루사발 궁전이 포도주 양조장으로 바뀐 것에서 유래됐다. 이슬람 무어Moor 양식의 처마 장식이 두드러지는 이 건물은 투박한 외벽이 중정을 둘러싸고 있다.

  무루사발을 빠져나오자 더 넓은 포도밭이 펼쳐졌다. 남쪽으로 2㎞ 떨어진 포도밭에 산타 마리아 데 에우나테Santa María de Eunate 성당이 있다. 이곳은 프랑스 남부 아를에서 출발한 순례자들이 피레네산맥을 넘어 푸엔테 라 레이나Puente la Reina로 들어가는 길목이다.

  불교 사리탑에서 익숙하게 보는 팔각형 모양의 성당을 팔각의 석주가 두르고 있다. 불교에서 팔각은 살아가면서 괴로움을 끊어내고 자비를 구현하기 위한 실천 교리인 팔정도를 상징한다.

산타 마리아 데 에우나테 성당

기독교에서 팔각은 원에 가까운 도형으로 일주일이 끝나고 새롭게 시작하는 날을 의미한다. 신에 의해 새롭게 태어나는 '8'이라는 숫자는 기독교 세계관에서 순환과 부활을 의미했다. 12세기 기사단에 의해 세워진 이 성당은 로마네스크 양식의 석주가 팔각형의 성당을 호위하듯 감싸고 있다.

16세기 초까지 번성했던 나바라 왕국의 역사와 문화를 대표하는 이 성당은 오늘날 꽃봉오리 모양의 묘지로 남아 있다. 중세

✟ 산타 마리아 데 에우나테 성당의 석주

묘지를 팔각형으로 지은 까닭이 무엇일까. 건축에서 팔각형은 원에 제일 가까운 기하학이다. 원은 우주를 상징하는 완전체로서 불멸의 사랑을 의미한다. 성당이 팔각형인 것은 중세 순례자들의 묘지에 부활의 의미를 담아내기 위함이었을 것이다. 스페인 왕족들의 묘지인 엘 에스코리알(El Escorial)*의 지하 무덤 역시 팔각형이다.

팔각형의 벽면을 따라 왕들의 금빛 관들이 회전목마를 타고 있다. 지하 묘지 중앙에 서면 금빛 관들이 각진 세상을 훌훌 벗어던지고 천국의 품에 안기는 듯했다. 팔각형의 평면에 서면 시선은 방향을 잃었다. 어디에 서든 그 위치를 지워버리고 끊임없이 중심을 지향했다. 판테온의 뚫린 천창이 하늘의 눈을 상징하듯이 팔각 평면의 중심은 천국을 상징한다. 중세 순례자들에게 죽음은 세속의 방향을 지워버리고 천국에 안기는 것을 의미했다. 산타 마리아 데 에우나테 성당을 세 바퀴 돌면 소원이 이루어진다는 전설이 전해지고 있다.

* 마드리드 북서쪽에 위치한 르네상스 양식의 궁전 복합건물.

순례길에서 가장 높은
산타 마리아 성당의 종탑

스페인어로 '왕비의 다리'를 뜻하는 푸엔테 라 레이나를 동서로 가르며 걸었다. 이 마을은 순례자 병원이 있었을 정도로 중세 순례길의 중요한 길목이었다. 도냐 마요르Doña Mayor가 순례자들을 위해 다리를 건설하면서 이 마을의 이름이 지어졌다. 11세기에 지어진 이 석조 다리는 교각과 상판의 디자인도 우수하지만 아르가강에 비친 아치교의 동심원이 아름답기로 소문나 있다. 일곱 개의 아치가 다리를 받치고 있으나 동쪽 아치는 땅속에 묻혀 여섯 개로 보였다. 다리 중앙의 큰 아치를 중심으로 좌우 세 개의 아치가 대칭을 이루기에 아치교가 강물에 비치는 순간 파란 보름달이 강물에 굴러가는 듯했다. 중세 때 이 다리에 초리*의 성모상을 보관했던 탑이 있었으나 지금은 사라지고 없다. 19세기 중엽 카를리스타 내전 이후 성모상을 다리 남쪽에 있는 산 페드로San Pedro 성당으로 옮겼다.

지평선으로 출렁거리는 초원을 당기며 중세 나바라 왕국의 왕궁이 남아 있는 에스테야Estella로 걸었다. 밀밭 사이로 외롭게 나타나는 게 산 미겔San Miguel 소성당이었다. 1062년 지었다는 기록이 남아 있다. 여러 번 개축을 거친 박공지붕 위로 낮은 종탑이 보였다. 조금 걸어가자 13세기 고딕 양식과 로마네스크 양식이 혼용된 성묘 성당이 거대한 만곡 아치문을 세우고, 상부 벽에는 성자들의 조각을 일렬로 세우고서 그 위엄을 드러냈다.

에가Ega강을 끼고서 남북으로 형성돼 있는 에스테야를 중세 스페인 사람들은 북쪽의 톨레도Toledo라 불렀다. 스페인어로 별이라는 뜻인 에스테야는 11세기 말 산초 라미레스Sancho Ramírez 왕이 에가강 주변에 만든 도시다. 마을 중심에 12세기 후반 로마네스크 양식으로 지은 나바라 왕궁이 투박하게 지어져 있다. 12세기 두 개의 작은 탑이 증축된 이 건물의 외벽이 길과 접하는 모서리 기둥의 주두에 롤랑 장군과 페라구트Ferragut 장군** 사이의 전투 장면이 조각돼 있다.

이 전투는 원래 나헤라Nájera에서 크게 벌어진 것으로 기록돼 있지만 조각은 나바라 왕궁에 새겨져 있었다. 나바라 왕궁 맞은

* 바스크 지방의 텃새.
** 골리앗의 후손.

✟ 푸엔테 라 레이나

산 페드로 데 라 루아 성당

편의 층층대 위에 나바라 왕들이 즉위식의 선서를 했다고 전하는 산 페드로 데 라 루아San Pedro de la Rúa 성당이 있다. 그 속에 12세기 아름다운 회랑이 중세의 절제미를 자랑하고 있다.

이라체Irache 양조장의 무료 와인을 마신 후 휘파람을 불며 고개를 넘었다. 몬하르딘Monjardín 요새를 지나 낮은 산줄기가 감싸고 흐르는 들판을 가로질렀다. 우뚝한 종탑이 파란 들판 위로 고개를 세우고 다가왔다. 15~16세기 동안 카스티야 왕국과 나바라 왕국의 경계선에 위치해 어느 왕국에도 세금을 내지 않았던 로스 아르코스Los Arcos를 파고들자 산타 마리아 성당이 모습을 드러냈다.

성당 입구로 들어서자 어두침침한 회중석 가운데 웅장한 돔으로 빛의 폭포가 쏟아 내렸다. 돔은 예부터 순례자들의 영혼에 빛의 왕관을 씌워주는 오쿨루스oculus, 하늘의 눈로 불렸다. 중세 돔에서 떨어지는 그 빛은 순례자들이 그토록 도달하고 싶어 했던 천국의 은총이었다. 돔 아래 서자 지친 마음이 사랑으로 물들었다.

성당을 나서면 중세 건물이 긴 삼각형의 마당을 에워싸고 있다. 삼각형의 꼭짓점에 고색창연한 카스티야의 문이 광장의 주둥이를 걸어 잠갔다. 아치문 위로 중세 문장이 선명한 세 개의 첨탑이 뿔처럼 달려 있다. 18세기 펠리페 5세가 보수한 이 문을 통과하는 순례자들은 지난 상처를 깨끗이 씻어버리고 새로운 영혼으로 다시 태어난다고 믿었다.

✟ 나바라 왕궁(롤랑장군과 페라구트 장군의 전투장면)

　　카스티야의 문 남쪽에는 순례길에서 가장 높다고 소문난 산타 마리아 성당의 종탑이 보인다. 16세기 중반에 르네상스Renaissance 풍의 팔각형의 큐폴라cupola, 궁형를 종루 위에 올렸다. 종루 위에 정의의 칼을 닮은 네 개 기둥의 호위를 받는 팔각형 탑을 세우고 그 위에 돔을 세웠다. 중세 농부들에게 종소리로 시간을 알려주던 종루였다.

천 년의 세월을 견딘
비아나 성당의 궁륭

이른 아침 산솔Sansol을 향해 걸었다. 17세기 산솔 성당의 종탑이 마치 촛대처럼 햇살을 피워냈다. 포도밭 사이로 꿈틀거리던 오솔길이 수십 번의 시소를 타고 나서야 마침내 비아나Viana가 나타났다. 나바라의 왕 산초 7세가 기존에 둘로 나눠졌던 성벽을 합치다보니 성벽 중간이 오그라져 땅콩 모양이 됐다. 비아나 성당으로 불리는 산타 마리아 성당이 잘록한 성벽의 허리 위에 올라타고서 길에 면한 남쪽 벽을 툭 잘라 궁륭을 세워놓았다.

비아나의 이름은 길을 의미하는 비아via와 그리스 신화의 디아나Diana에서 유래했다. 디아나를 영어식으로 발음하면 다이애나다. 그 순간 다이애나 영국 왕세자비의 얼굴이 스쳤다. 길의 신인 비아나와 그리스 신화의 디아나는 순례자와 성모 마리아로

095

비아나 성당

자연스럽게 맞아 떨어졌다. 궁륭에는 성모 마리아가 두 손을 모으고 예수의 탄생과 수난을 바라보는 조각이 새겨져 있다. 두 손을 모으고 기도하는 성모 마리아의 조각상을 보고 순례자들은 누구나 자신의 어머니를 떠올리지 않았을까.

✝ 비아나 성당(산타 마리아 성당)의 궁륭

　목숨을 걸고 걸어갔던 중세 순례자들은 그리스도보다 성모 마리아에게 기대어 위로 받기를 더 좋아했다. 중세 스페인에서 성모 마리아는 어머니의 상징이었다. 궁륭을 쳐다보고 있으면 모든 것을 받아주었던 어머니의 품이 느껴진다. 천 년의 시간 동안 그 자리를 묵묵히 지키고 있었던 궁륭 장식에 마음이 끌리는 것은 그 형태만으로 우리의 마음을 위로해주기 때문이다. 아름답다고 느끼는 건축은 우리가 사랑하는 사람들의 모습을 떠올리게

한다. 아쉬운 발길을 성벽 끝에 폐허로 남은 산 페드로 성당으로 옮겼다.

가우디 후계자의 작품
이시오스 양조장

스페인의 기원이 됐던 에브로Ebro강을 길게 가로질러 로그로뇨에 도착했다. 로그로뇨는 바르셀로나Barcelona에서 출발한 아라곤Aragón의 길이 사라고사Zaragoza를 거쳐 프랑스 길과 만나는 곳이다. 에브로강을 끼고 펼쳐진 타원형의 역사 지구는 작고 아담했다. 도시 중심에 15세기 르네상스 양식의 산타 마리아 데 라 레돈다Santa María de la Redonda 대성당이 있다. 밋밋한 입면의 중앙에 궁륭을 파고서 좌우에 바로크 양식의 종탑을 세웠다. 무심한 외관을 지나 회중석으로 들어서면 바로크 장식의 화려한 제단에 놀란다. 미켈란젤로Michelangelo가 그린 것으로 전하는 '십자가의 길'이 걸려 있다.

대성당 서북쪽에 산티아고 레알Santiago Real 성당이, 동북쪽에 산

099

바르톨로메 성당이 대성당을 호위하고 있다. 산티아고 레알 성당의 바로크 양식 궁륭 현관에 이 도시에서 가장 아름답다고 소문난 마타모로스 조각상이 새겨져 있다. 산티아고 레알 성당 서쪽에 12세기 도시를 둘러싸고 있던 성벽의 주요한 성문이었던 레벨린Revellin의 문이 앙상한 골격을 드러낸 채 서 있다. 성문은 중세 로그로뇨를 떠나는 순례자들을 축복했다.

 로그로뇨 버스 터미널에서 한 시간 여정의 라가르디아Laguardia행 버스에 올랐다. 차창으로 라 리오하의 거대한 포도밭 물결이 끝도 없이 출렁거렸다. 녹색 평원 위로 로마 시대 성벽 도시 라

가르디아가 솟아올랐다. 버스가 성벽 북쪽으로 오르자 팔로마레스Palomares 산줄기를 병풍처럼 두른 포도밭 속에 이시오스Ysios 양조장이 보인다. 거대한 잠자리가 은빛 날개를 펄럭이며 막 하늘로 날아오를 기세다. 가우디의 후계자로 지목되는 세계적인 건축가 산티아고 칼라트라바Santiago Calatrava의 작품이다.

칼라트라바의 디자인 개념은 미켈란젤로가 조각한 다비드 조각상의 근육질에 바탕을 두고 있다. 단순히 아름다운 근육질이 아니라 근육과 뼈와 관절이 서로 유기적으로 움직이며 변화하는 구조에 관심을 두었다. 날개를 펄럭이는 밀워키Milwaukee 미술관,

↟ 이시오스 양조장

천창을 움직이며 빛을 조절하는 뉴욕New York 그라운드 제로Ground Zero의 오큘러스Oculus 등 다양한 작품을 남겼다.

그는 건축가이면서 동시에 구조 전문가다. 그가 발렌시아Valencia 건축대학을 졸업하고 스위스로 건너가 토목 구조 박사학위를 받은 후 맨 처음 디자인한 것은 교량이다. 그가 디자인한 다리는 꼬이고 휘어지며 불안하게 춤추지만 구조적으로 안전하고, 미적 감성까지 불러일으켰다. 그는 건축미에 토목 구조를 융합한 최초의 건축가였다.

이시오스 양조장은 1985년 협동조합으로 출범한 아르타디Artadi를 1992년 사기업으로 전환시킨 카를로스 로페스Carlos Lopez의 역사를 담고 있다. 키 낮은 포도밭 속에 길게 누워 있는 이시오스로 다가서자 시큼한 와인향이 코를 찔렀다. 건물 중앙으로 난 진입로를 따라 다가설수록 비스듬히 누운 유리창이 빛을 발산했다.

정면성이 강한 이 건물에서 눈여겨볼 곳은 와인병 모양의 정원수 안에 물결치는 지붕이다. 수년 동안 떡갈나무 통속에서 자신을 정화시키던 와인 방울이 그림자를 벗어던지고 하늘로 날아오르는 모습이다. 이러한 형태는 투명 유리잔 안에 물결치던 와인의 열정을 예민한 건축가의 시선으로 포착해 공간으로 발전시킨 것이다.

이시오스 양조장의 구조는 단순하다. 가우디의 성 가족Sagrada Familia 대성당 남쪽 에 있는 부속학교의 구조를 빼다 박았다. 가우

✤ 이시오스 양조장

디는 직사각형의 박스를 만들고 중간 지점에 가로로 기둥을 세우고, 그 위에 보를 걸치고, 보 위에 세로로 걸친 서까래로 지붕의 곡선을 그리고서 그 지붕 선에 맞추어 벽돌을 쌓아올렸다.

   이시오스 양조장의 구조 역시 기둥을 세우고 물결치는 지붕의 곡선에 맞추어 벽을 쌓아올렸다. 물결치는 지붕의 곡선 물결이 건물 중앙에서 극적으로 치솟아 오르며 시선을 낚아챈다. 티타늄 판의 번쩍거림은 유리잔, 검붉게 타들어가는 유리창은 와인 물결이 되어 비상한다.

　건축은 흔히 형태 · 질감 · 재료 · 색깔이 조화를 부릴 때 독창적인 이미지를 자아내기도 한다. 물결치는 곡선의 지붕과 비스듬한 유리창이 조화를 부리며 건물의 이미지를 독특하게 조각했다. 건축에서 직선은 엄격하고 단호한 남성미를 풍기지만, 물결치는 곡선은 부드러운 리듬의 여성미를 자아낸다. 티타늄 지붕의 리듬은 빛의 파노라마를 일으키며 상상력의 날개를 펄럭거렸다. 대지가 키워낸 신의 물방울이 은빛 날개를 펄럭이며 천국으로 날아오르는 착각에 빠졌다.

상상력의 힘
마르케스 데 리스칼 호텔

엘치에고Eltziego로 향했다. 지평선 끝에서 양조장과 이어진 마르케스 데 리스칼Marqués de Riscal 호텔이 보인다. 스페인 국왕 펠리페 6세의 증조할아버지 때부터 왕실에 와인을 공급해오고 있는 스페인의 대표적인 양조장이 추상적인 호텔을 증축하면서 세계적으로 유명해졌다.

리스칼 호텔을 바라보는 순간 춤추는 디오니소스Dionysus의 드레스가 나부끼는 듯했다. 빌바오 구겐하임Guggenheim을 디자인한 프랭크 게리Frank Gehry가 포도주의 다양한 색을 자신만의 감성으로 분해해 그 색을 티타늄 판에 입혔다. 보라색은 와인, 은색은 코르크 마개를 덧씌운 은박지, 금색은 와인병을 감싼 그물망에서 영감을 얻었다. 시간과 빛의 강도에 따라 티타늄 판은 오색

마르케스 데 리스칼 호텔

무지개로 물든다. 호텔을 감싸고 흐르는 티타늄 판들이 라 리오하의 햇살에 부서지는 순간 요정이 날개를 펼럭이는 듯했다. 티타늄 판 사이사이를 비집고 호텔방들이 포도송이처럼 박혀 있다. 각각의 방들은 서로 다른 위치에서 각각 다른 방향을 바라보고 여러 모양으로 반짝거렸다.

하얀 유리잔 안의 와인을 햇빛에 흔들어보면 와인 물방울이 날개를 펼치고 영롱한 빛깔로 날아올랐다. 시간의 침묵이 걸러낸 신의 물방울이 영혼을 어루만지며 하늘로 날아올랐다. 그 향기가 코를 적시고, 눈을 사로잡고, 혀를 마비시키며 마침내 마음까지 사로잡았다. 혀끝으로 파고든 그 촉감이 대지의 인내와 태양의 열정을 안고 목구멍으로 흘러내렸다.

✤ 마르케스 데 리스칼 호텔

기사들의 회랑
산타 마리아 라 레알 수도원

아침 햇살을 등지고 푸른 들판을 가로질렀다. 향기로운 바람, 달콤한 햇살, 싱그러운 들판이 가슴으로 스며들었다. 자연의 생기를 마시며 신들의 궁전에서 뿜어져 나오는 신비한 마력에 이끌려 걸어가는 것으로 충분했다.

출렁이는 초원을 가로지르자 로마 시대 건설한 나헤라가 눈앞에 다가왔다. 나헤라는 중세 부르고스와 팜플로나 사이의 중요한 도시였다. 나헤리야 Najerilla 강을 따라 수양버들이 신도시와 중세도시를 갈랐다. 서쪽 절벽을 병풍처럼 두른 중세 마을 속으로 강줄기가 파고들었다. 19세기 새로 건설한 오르테가 Ortega 다리를 건너 강을 따라 걸었다. 중세의 향기가 강바람을 타고 볼을 스쳤다.

나헤라 전경

이슬람 지배를 받던 나헤라를 923년 나바라의 왕 오르도뇨 2세가 정복했다. 이후 나헤라는 1054년 카스티야 왕국에 정복당할 때까지 나바라 왕국의 수도였다. '나헤라'라는 지명은 이슬람어로 '바위 사이의 마을'이라는 뜻인 '나사라'에서 유래했다. 이 마을에 산초 3세의 아들 가르시아 García 6세가 1052년 세운 산타 마리아 라 레알 Santa María la Real 수도원이 남아 있다. 1076년 나헤라를 정복한 카스티야 왕국의 알폰소 6세가 레알 수도원을 클뤼니 수도원에 양도했다. 30여 명의 나바라 왕실 가족이 묻혀 있는 수도원은 오늘날 박물관으로 사용되고 있다.

이 수도원에 1528년 완공된 아름다운 회랑이 남아 있다. 흔히 '기사들의 회랑'으로 불리는 회랑의 아치창 장식이 특히 아름답다. 플라테레스코Plateresco 양식*의 수작으로 불리는 이 창문은 아치 개구부 속에 세 개의 세장한 돌기둥을 세우고 아치 상부에 실을 꼬아놓듯이 돌로 수를 놓았다. 우아한 여성미를 풍기는 세장한 장식 기법에서 이슬람문화의 애잔함이 묻어났다. 햇살을 받은 아치창이 회랑 바닥에 길게 그림자를 그리는 순간 회랑은 빛과 그림자의 건반이 됐다. 발걸음이 빛과 그림자의 건반을 두드릴 때마다 중세 이야기를 흘리는 듯했다.

✠ 산타 마리아 라 레알 수도원

---

* 본래 15~16세기 금은세공사에 의해 사용된 세밀 장식 기법을 뜻하는데, 이 시기의 화려하고 정교한 부조 기법을 사용한 건축양식을 말함.

순례길에서 가장 아름다운 도시
산토 도밍고 데 라 칼사다

길은 대지의 주름 사이로 중세의 시간을 타고 흐르는 회랑이었다. 멀리서 바라보는 길은 한없이 서정적이고 낭만적이지만 걸어가는 사람은 한순간도 길의 표정을 외면할 수 없다.

지평선에 걸릴 듯 말 듯 산토 도밍고 데 라 칼사다Santo Domingo de la Calzada가 보이기 시작했다. 건축가의 성인으로 알려진 산토 도밍고가 다리·병원·숙소를 지으면서 순례길에서 가장 아름다운 도시가 됐다. 타원형 모양의 중세 마을을 가르며 걸었다. 돌의 숲속에 종탑 하나가 솟아올랐다.

종탑 오른쪽으로 12세기 로마네스크 양식으로 건축된 산토 도밍고 데 라 칼사다 대성당이 여러 번 증축을 거친 모습으로 서 있다. 대성당에 16세기 건축가이자 조각가인 다미안 포르멘트

✝ 산토 도밍고 데 라 칼사다 대성당의 남쪽 아치문 조각상

Damià Forment가 르네상스 양식으로 조각한 제단이 남아 있다. 대성당의 남쪽 아치문 위에는 산토 도밍고 조각상을 가운데 두고 순교한 로마의 장군 에메테리우스Emeterius와 셀레도니우스Celedonius 조각상이 좌우로 서 있다.

이곳 대성당에 판타지 소설에나 등장할 법한 신화 속의 닭이 있다. 14세기 이곳 여관에 묵은 독일 청년이 여관 딸의 사랑 고백을 거절한 대가로 도둑에 몰려 교수형을 선고받았다. 교수대에 찾아간 부모들이 "산티아고의 자비로 아들이 살아 있다"는 성인의 음성을 듣고 주교에게 달려가 아들이 살아 있다고 말했다. 막 식사를 시작하려던 주교가 "당신 아들이 살아 있다면 이 구운 암탉과 수탉도 살아 있겠구려"라고 맞받았다. 그 순간 식탁 위의 구운 닭이 살아서 날아갔다는 신화가 전해 내려오고 있다.

대성당 남쪽으로 길을 마주하고 나 홀로 종탑Torre Exenta이 전설 속의 닭이 날아가 앉았을 횃대처럼 솟아 있다. 나 홀로 종탑은 길을 사이에 두고 대성당 출입구를 데면데면 바라보고 있다. 70m 높이에 일곱 개의 종이 걸려 있는 종탑은 일곱 천국을 암시하며 일주일을 상징한다.

나 홀로 종탑은 홀로 떨어져 있을 수밖에 없는 아픈 사연을 간직하고 있다. 『신과 함께 가라 산띠아고 가는 길』*에 따르면, 18세기에 증축된 나 홀로 종탑은 그동안 벼락에 맞아 로마네스크 양식의 탑이 무너지고 지하수가 흐르는 지반 위에서 고딕 양식의 탑이 무너졌다. 천재지변으로 더 이상 대성당의 귀퉁이를 차지하지 못하자 나 홀로 훌쩍 떨어져 18세기 바로크 양식으로 증축됐다.

* 변정식, 『신과 함께 가라 산띠아고 가는 길』, 니키앤프랜, 2010.

바로크 양식의 세장한 장식으로 치장한 나 홀로 종탑을 보고 있으면 "나를 종탑과 종탑 이면에 숨겨진 것들로부터 완전히 해방해 준 것 같아 마치 나 자신이 암탉이 되어 이제 막 알을 낳기라도 한 것처럼 목청껏 노래를 부르기 시작했다."라는 마르셀 프루스트Marcel Proust의 글이 자연스레 떠오른다.

산토 도밍고 데 라 칼사다 대성당과 나 홀로 종탑

함께 요리하고 저녁을 먹는
그라뇽 알베르게

    파리에서 온 컴퓨터 공학자 존 폴이 왼쪽 무릎에 붕대를 칭칭 감고서 가로수 한 그루 없는 오솔길을 절뚝거렸다. 모든 여행자들은 그림자를 앞세우고 걷다가 그림자를 머리에 이고 그림자를 등지며 하루를 마감한다. 그림자는 여행자를 산티아고 대성당으로 이끄는 신의 지팡이다.

    길쭉한 모양의 그라뇽Grañón을 가르며 걸었다. 시청과 마주하고 서 있는 고색창연한 산 후안 바우티스타San Juan Bautista 성당을 끼고 왼쪽으로 돌아서자 정원 바닥이 별무늬로 장식돼 있다. 알베르게 출입문에는 빌바오에서 나귀 타고 온 산발의 여행자가 흡사 로시난테Rocinante를 타고 온 돈키호테Don Quixote처럼 긴 수염을 날렸다.

좁은 출입구를 지나 삐걱거리는 나무 계단을 이리저리 꼬아가며 오르자 박공지붕 아래 천장이 높은 거실이 나타났다. 2층과 4층은 침실, 3층에는 부엌과 화장실과 욕실, 그리고 천장 높은 거실이 있었다. 거실 모퉁이의 나무 계단을 오르자 박공지붕 아래 4층 침실이 있다. 바닥에는 매트리스가 가지런하고, 낮은 경사 지붕 천창으로 햇살이 폭포처럼 쏟아졌다.

낡은 성당의 한쪽을 보수해 순례자 숙소를 증축하는 것은 중세에는 있을 수 없는 일이었다. 이곳의 식사와 숙박비는 중세 순례길의 전통에 따라 기부한다. 오늘날 순례길의 공용 알베르게는 적은 비용을 받지만 부족한 재원을 기부와 자원봉사로 채우고 있다. 노을이 창문으로 비집고 들어올 즈음 봉사자의 지시에 따라 테이블을 일렬로 줄 세우고 앉았다. 고참 봉사자가 두 봉사자를 소개하고서 수염이 덥수룩한 중년 남자를 앞에 세웠다. 이어서 "미국 캘리포니아에서 자원봉사를 위해 방금 이곳에 도착했습니다."라고 했다. 잠시 가슴이 먹먹했다.

세계인들이 함께 요리하고 미사를 모시고 저녁을 즐기는 것이 그라뇽 알베르게의 전통이다. 감자를 깎고 토마토를 자르고 야채를 손질하며 왁자지껄 파타타스 아 로 그라뇽 Paratas a lo Grañón* 을 준비했다. 자율 참여인 미사를 모신 이후 다 함께 식탁에 앉았

---

* 그라뇽식 감자 요리.

다. 식탁 위에 드문드문 음식 단지를 놓고 먼 곳에 앉은 사람부터 접시에 음식을 날랐다. 나라별로 한 사람씩 일어나 각자 자기 나라의 언어로 축복을 전하고 나서 식사가 시작됐다. 최후의 만찬이 부럽지 않았다.

식사를 마치고 나서 한쪽에서는 그릇을 씻고, 다른 쪽에서는 남은 물기를 수건으로 닦았다. 많은 심리학자들이 행복의 핵심은 선천적으로 타고나는 '행복 DNA'와 '사람 사이의 관계'라고 했다. 10세기 수도원에서 유래한 나눔과 기부는 오늘날 서구 문명의 기반이 됐다. 행복이란 원하는 것을 얻는 것이 아니라 내가 가지고 있는 것을 나누고 공유하는 것임을 그라농 파티가 체험으로 알려주었다.

✚ 그라농 파티

건물도 생을 마감하리라
산 펠리세스 수도원

　아침 6시, 이탈리아에서 온 리노와 나란히 걸었다. 그의 짓물러 터진 발을 보는 순간 지난 3일 동안 곁에서 탱크처럼 코를 골았던 그를 이해할 수 있었다. 지팡이를 짚어가며 집채만 한 배낭을 메고 걸어가는 그의 발을 가리키자 지금은 괜찮다며 웃었다.
　오솔길은 어느새 허물어진 돌무더기 사이로 흘렀다. 비야프랑카 몬테스 데 오카Villafranca Montes de Oca로 넘어가는 길에 산 펠리세스San Felices 수도원 유적지가 초원에 흩어져 있었다. 아치를 품은 하얀 돌무더기 위로 이름 모를 풀들이 자라고 있었다. 9세기에 만들어진 이 수도원 유적지는 부르고스를 건설한 것으로 알려진 디에고 로드리게스 포르셀로스 백작이 말년을 보낸 수도원이다. 자전거 여행자가 자전거를 풀밭에 내팽개치고는 좁은 철제 창

✚ 산 펠리세스 수도원 유적

문 속으로 몸을 구겨가며 기어코 월담했다. 철망으로 막힌 아치 속에 가부좌를 틀고 앉더니 나를 보고 싱긋 웃었다. 세상을 품은 듯 환한 그의 얼굴에서 디에고 백작의 시간이 스쳤다.

무심한 세월은 백작의 수도원을 허물어버리고 작은 돌조각만 굴리고 있었다. 『행복의 건축』에서 라이너 마리아 릴케Rainer Maria Rilke는 "이 모든 아름다움이 소멸할 운명이라는 것, 겨울이 오면 사라진다는 것, 인간의 모든 아름다움과 인간이 창조했거나 창조할 아름다움도 그와 마찬가지라는 것"이라 했다. 무너진 돌무더기에서 세월의 덧없음은 시간의 어머니인 자연의 품에 안겨버렸다.

이슬람 양식을 기독교 양식으로 재창조한 모사라베Mozárabe 양식*이라고 기록돼 있지만 아치 장식만으로는 가늠조차 힘들다. 세월이 조금 더 흐르면 역사의 흔적도 파란 잔디 아래로 사라질 것이다. 신앙의 향기로 가득했을 수도원 중정은 사라지고 잿빛 돌조각만이 봄바람을 마중했다. 회랑을 가득 메웠던 빛의 우물은 초원으로 가라앉았으며, 그 숭고함마저 비바람에 씻겨버렸다.

* 이슬람 미술과 전통적 스페인 미술이 융합한 양식. 중세 초기 이슬람 지배 아래 있던 스페인에서 이루어진 기독교 미술로서, 동방적 장식성이 짙다.

세상에서 가장 아름다운 고딕 양식
산 후안 데 오르테가 수도원

안개 자욱한 오카Oca산을 넘는다. 지난밤 맞은편 침대의 에스트레마두라Extremadura 출신의 노부부는 중세 오카산 길을 가리켜 "도둑질을 하고 싶으면 오카산으로 가라"는 말이 회자될 정도라 했다. 오카산 길은 험준하기로 소문난 에스트레마두라를 빼다 박았다. 에스트레마두라는 스페인에서도 오지 중의 오지로 포르투갈 접경지역의 산악지대. 영화 「글래디에이터Gladiator」의 주인공 막시무스Maximus와 아스테카Azteca 왕국을 정복한 에르난 코르테스Hernán Cortés와 잉카Inca 제국을 정복한 프란시스코 피사로Francisco Pizarro가 에스트레마두라 출신이다.

실개천이 흐르는 계곡을 지나 가파른 언덕을 오르자 평탄한 길이 펼쳐졌다. 솔숲을 밀어내고 산 후안 데 오르테가San Juan de

✜ 산 후안 오르테가 수도원

Ortega 수도원에 도착하자마자 배낭을 던져버리고 부속 성당으로 향했다. 12세기에 지어진 로마네스크 양식의 성당에는 세상에서 가장 아름답다고 칭송되는 고딕 양식의 천개와 로마네스크 양식의 오르테가 성인의 석관이 놓여 있다. 철망에 가려 잘 보이지 않는 후진*의 주두에서 기적이 일어난다고 알려져 있다.

춘분과 추분날 오후 약 10분간 한 줄기 햇살이 수태고지를 묘사한 로마네스크 양식의 주두를 비추는 순간 예수의 탄생, 예수를 경배하는 동방박사의 조각까지 시나브로 비춘다고 기록돼 있다. 오늘날 '빛의 기적'으로 불리는 이 현상을 보기 위해 많은 관

* 신랑이 끝나는 동쪽 끝 아치형 재단이 있는 곳.

☩ 산 후안 데 오르테가 수도원 성당 후진의 주두

광객들이 몰려온다. 멕시코 치첸이트사Chichén-Itzá의 쿠쿨칸Kukulkán 피라미드 북측 계단에 춘분과 추분날 깃털 달린 뱀이 하늘에서 내려온다는 기적을 닮았다.

산 후안 데 오르테가 수도원을 벗어나 호젓한 숲길을 걸어가 자 아헤스Agés가 구릉 속에 박혀 있었다. 마을 속에 산타 에우랄 리아 데 메리다Santa Eulalia de Mérida 성당의 종탑에 철새가 둥지를 지 어 놓았다. 이 아름다운 아헤스와 아타푸에르카Atapuerca 사이의 평 원에서 11세기 중엽 카스티야 왕국과 나바라 왕국이 기름진 땅 을 차지하기 위해 전투를 벌였다.

길 좌측 들판에 박힌 삼각형 모양의 자연석은 이곳에서 전사 한 나바라 왕국의 가르시아 왕을 기리기 위해 세운 비석이다. 매년 8월 페르난도Fernando 왕과 가르시아 왕 사이의 전투 장면을 재현하는 축제가 아헤스에서 벌어지고 있다. 들판 서쪽에 솟아오른 산 위에는 유럽 대륙에서 가장 오래됐다는 호모 안테세소르Homo Antecessor 고대 유적지가 있다.

아타푸에르카로 다가서자 동쪽 언덕 위에 15세기 르네상스 양식과 16세기 고딕 양식이 절충된 산 마르틴San Martín 성당이 투박하게 서 있었다. 이 마을에 약 100만 년 전에 살았던 화석인류의 가옥들을 전시해놓았다. 아타푸에르카를 지나 돌산에 오르자 거친 돌무더기 위에 나무 십자가가 서 있다. 조금 더 걸어가자 산마루에 호박돌로 여러 겹의 동심원을 박아놓았다. 고대인들이 무슨 목적으로 동심원 유적을 남겼을까. 보는 관점에 따라 지구 중심을 향하기도 하고 우주로 확장하기도 한다.

산 정상을 벗어나 내리막길에 서자 카스티야 평원에 부르고스가 보였다. 중세 수도원 영지였던 마을들을 지나고 부르고스의 젖줄인 아를란손Arlanzón 강을 산타 마리아 다리로 건넜다.

✦ 아타푸에르카의 산 마르틴 성당

아타푸에르카의 화석인류 가옥

스페인 3대 대성당
부르고스 대성당

산타 마리아 대성당으로 불리는 부르고스 대성당은 파리 노트르담 대성당, 팜플로나 대성당과 마찬가지로 성모 마리아의 이름을 사용하고 있다. 스페인 3대 대성당으로 중세 건축의 백미로 손꼽히는 부르고스 대성당은 1984년 유네스코 세계문화유산으로 등재됐다. 애초에 있었던 초기 로마네스크 양식 교회를 부수고 그 자리에 1221년 페르난도 3세와 마우리시오Mauricio 주교의 후원으로 프랑스 고딕 양식으로 부르고스 대성당이 건축됐다. 15세기 후안 데 콜로니아Juan de Colonia에 의해 고딕-플라테레스코 양식의 돔과 84m 쌍둥이 탑이 증축됐으며, 18세기 테클라Tecla 예배당이 증축됐다.

성벽으로 둘러싸인 요새의 중심에 자리한 대성당은 웅장한 돌의 장식으로 입면을 세우고 지붕에는 플랑드르Flandre 장식*의 화려한 돌탑을 세웠다. 『스페인 기행』은 부르고스 대성당을 이렇게 묘사한다. "그곳은 포탑과 총구멍과 뜨거운 냄비의 흔적이 있는 어두운 군사 요새였다. 바로 여기서 그들은 포위군에게 끓는

✤ 2001년 마드리드 건축대학 답사 중 그린 부르고스 대성당 스케치

물과 기름을 쏟아붓곤 했다. 사랑스러운 그리스도는 무자비하고 비타협적인 야훼가 됐다. 그는 다시 갑옷을 입고 온통 돌밭인 여기서 이단자들과 싸우기 위해 전선으로 나갔다."

부르고스 대성당은 라틴십자형 평면을 중심에 박고 그 주위로 부속 예배당을 세우고 남쪽에 중정을 만들었다. 그리고 주변에 부속실을 추가했다. 산타 마리아 광장의 주 출입구에서 바라본 입면은 노트르담 대성당과 그 입면이 엇비슷하다. 종탑 머리 위로 홍두깨 모양의 팔각형 첨탑만이 도드라질 뿐이다. 그러나 대

---

* 금은세공 장식처럼 세밀한 장식.

✟ 부르고스 대성당

성당의 남쪽 산 페르난도 왕의 광장Plaza Rey San Fernando에서 바라보면 웅장한 입면에 놀라고 만다. 화려한 조각 장식의 아치 출입문에 두 번 놀란다. 산티아고 대성당의 '영광의 문'을 닮은 팀파눔에는 예수가 앉아 있고 그 아래 기둥에는 산티아고가 지팡이를 집고 서 있다. 중세 부르고스에 도착한 순례자들은 산티아고의 발을 만지며 산티아고 대성당까지 도착하기를 기원한다.

✝ 부르고스 대성당의 천장

　박물관을 돌아보고 나서 어슴푸레한 빛 속을 더듬어 대성당 내부로 들어갔다. 세 개의 팔각형 별무늬 아치 천장이 대성당의 중심을 잡아주고, 그 아래에 빛의 보석함이라 불리는 예배 공간과 주교 회의실이 마주하고 있다. 그 주위로 작은 예배 공간들이 예수의 열두제자처럼 겹겹이 둘러싸고 있다. 금박으로 치장된 황금의 계단과 많은 조각상과 부조, 회화들이 작은 예배 공간에 나누어 소장돼 있다. 그중에서 가장 관심을 끄는 것은 예배 공관과 주교 회의실이 만나는 바닥 중심에 위치한 엘 시드El Cid와 그의 아내 히메나Jimena의 묘다. 엘 시드는 부르고스 근처 작은 마을 비바르Vivar에서 태어났으며 이 땅에서 히메나와 결혼했다.

발렌시아 전투에서 사망한 엘 시드는 원래 부르고스 동남쪽으로 8km 떨어진 산 페드로 데 카르데냐San Pedro de Cardeña 수도원에 안치됐으나 나폴레옹 군대에 훼손되고 난 뒤 부르고스 대성당에 새로 안치됐다. 기독교인들과 이슬람 무어인들이 서로 맞서던 중세, 청년 기사 로드리고Rodrigo는 전투에서 사로잡은 무어인 족장들을 같은 스페인 백성이라며 풀어준 뒤 우두머리라는 뜻의 '엘 시드'라는 칭호를 얻었다.

✠ 엘 시드와 히메나의 묘

『스페인사』에서 리처드 플레처는 "엘 시드는 무슬림을 쫓아내기 위해 싸운 기독교도의 영웅이 아니라, 무슬림 군대와 기독교 군대 사이의 혼탁한 상황에서 자유계약 용병으로서 한몫 챙긴 우두머리에 불과하다"고 했다. 그러나 영화 「엘 시드」에서는 그를 중세 스페인을 구한 불세출의 영웅으로 각색했다. 중정 북쪽 회랑에 면한 코르푸스 크리스티(Corpus Christi) 예배당의 북서쪽 높은 벽에 붉은 나무로 짠 관이 철물에 지지돼 있고 그 아래 '엘 시드의 관'이라고 쓰인 명문이 걸려 있다.

✝ 부르고스 대성당

콜럼버스를 맞이하다
카사 델 코르돈

중세 부르고스는 대성당을 중심으로 성벽을 두른 중세 요새였다. 아를란손강이 동맥처럼 흐르는 부르고스는 로마 시대부터 교통의 요충지였다. 9세기 디에고 로드리게스 포르셀로스 백작이 이슬람 세력을 몰아내기 위해 건설한 도시로 11세기 카스티야 왕국의 초기 수도였다. 성 혹은 요새를 뜻하는 카스티야의 어원은 돌로 쌓아올린 부르고스의 성과 대성당에서 나왔다.

부르고스는 오늘날 수도인 마드리드Madrid의 북쪽 이마에 앉아 있다. 산 정상에 부르고스 성이 올라타고 있고, 그 아래 아를란손강가에 부르고스 대성당이 동쪽에 산 후안의 문Arco de San Juan, 서쪽 끝에 산 마르틴의 문Arco de San Martin, 북쪽에 산 힐의 문Arco de San Gil, 남쪽에는 산타 마리아의 문Arco de Santamaria을 두르고 있다. 오늘날 성문을 둘러싼 성벽은 사라지고 없다.

여행자들은 아를란손강을 가로질러 부르고스의 정문인 산타 마리아의 문으로 진입한다. 산타 마리아 문의 아치 위에서 디에고 로드리게스 포르셀로스 백작의 조각상이 늠름하게 아래를 굽어보고 있다. 산타 마리아 문을 들어서면 부르고스 대성당이 산 페르난도 왕의 광장을 앞세우고 마중했다.

아를란손강을 따라 이어진 오늘날 부르고스 역사 지구는 500m 거리 안에 세 개의 광장이 그 중심을 잡아주고 있다. 산 페르난도 왕의 광장의 동쪽에 부르고스의 실질적인 중심인 마요

부르고스의 중심 마요르 광장

르 광장Plaza Mayor이 육각형 모양으로 자리하고 있고, 그 동쪽으로 걸어가면 교통섬에 엘 시드의 동상이 서 있고, 그 동쪽으로 자유의 광장Plaza de la Libertad이 건물에 비밀스럽게 둘러싸여 있었다.

서쪽 모서리의 건물 사이로 파고들면 자유의 광장이 나온다. 사다리꼴 광장의 중앙에 분수가 있고, 팔각형의 분수를 둘러싸고 여덟 개의 뾰족 포석 장식이 광장 바닥을 장식하고 있었다. 한때 카스티야 왕국의 궁전 광장이었다. 이 광장의 북쪽에 '밧줄의 집'이라는 뜻의 카사 델 코르돈Casa del Cordón이 서 있다. 투박한 돌로 쌓아올린 2층 규모의 고풍스러운 중세 건물이다. 건물 외관이 화려하지 않아 지나치기 쉬운 중세 왕궁이다. 이 건물에서 1497년 이사벨Isabel 여왕이 신대륙을 발견하고 귀환한 콜럼버스를 맞이했다.

역사가 깊은 중세도시 부르고스에서 여왕이 콜럼버스를 맞이한 것은 이곳이 카스티야 왕국의 초기 수도였기 때문이다. 광장으로 난 출입구는 콜럼버스가 타고 온 함선의 밧줄 조각이 뱃머리 모양으로 장식돼 있고, 그 아래 장식과 문장이 새겨

↟ 카사 델 코르돈의 출입구

✢ 카사 델 코르돈

져 있으며, 그 아래 철로 보정된 나무 문이 달려 있다. 출입문 왼쪽의 발코니 아래 1497년 4월 23일 콜럼버스가 이곳에 도착했다는 명문이 새겨져 있고, 그 오른쪽 모서리에 콜럼버스의 함선이 낙관처럼 새겨져 있다. 오늘날 문화센터로 사용되고 있는 중정에 당시 콜럼버스의 진상품들이 산더미처럼 널려 있다.

그레고리안 성가를 꼭 듣기를

산토 도밍고 데 실로스 수도원

부르고스 남쪽 56km 거리에 스페인에서 가장 아름다운 수도원이 중세 모습 그대로 남아 있다. 오후 5시 30분 버스 터미널에서 버스를 타고 산토 도밍고 데 실로스 수도원으로 향했다. 평일에 하루 두 번 운행하는 버스에는 노인들뿐이다. 산토 도밍고 데 실로스 수도원 북쪽 퀸타니야 데 라스 비냐스Quintanilla de las Viñas에 스페인 역사에서 가장 오래된 서고트 시대 산타 마리아 소성당이 남아 있다. 서고트 시대의 성당이었으나 다 허물어지고 작은 공간만 들판에 홀로 남아 있다.

버스가 한적한 산토 도밍고 데 실로스 수도원 정문에 멈췄다. 10세기에 중건되고 이슬람 무어인들의 공격에 여러 차례 무너졌으나 여전히 스페인에서 가장 아름다운 수도원이다. 내리는

✟ 산토 도밍고 데 실로스 수도원

사람이라고는 아주머니와 나 단둘뿐이다. 짐칸에서 배낭을 끄집어내주던 버스 기사가 수도원 철문을 두드리라는 말만 남기고 사라졌다. 텅 빈 길에 서서 수도원 철문을 두드렸으나 인기척이 없다.

 붉은 담장을 따라 종탑이 서 있는 마요르 광장까지 족히 50m는 걸어갔다. 종탑 아래 둔탁한 나무 문을 열고 들어서니 소박한 성당 안에 몇 무리의 사람들이 제단을 향해 앉아 있다. 장식 없는 기둥 위로 리브볼트 천장이 휑하니 회중석을 가로질렀다. 제단 위의 검은 탁자 뒤로 수도원 문장이 새겨진 하얀 족자가 벽에 걸려 있고, 그 위로 십자가 하나가 걸려 있다. 제단 좌우로 성가대 의자가 마주보며 두 줄로 가지런했다.

✚ 산토 도밍고 데 실로스 수도원의 성당

침묵을 가르며 파이프오르간 소리가 길게 울리자, 제단 뒤에서 수도사들이 검은 치맛자락을 흔들며 걸어 나오더니 양쪽으로 갈라지며 의자 앞에 차례대로 도열했다. 양쪽으로 10여 명, 도합 20여 명이 열을 지어 착석하자마자 반주도 없이 그레고리안Gregorian 성가를 불렀다. 대부분 연세 지긋하신 노인 수도사들이었지만 목소리는 티 하나 없이 맑고 청아했다. 앉았다 일어섰다, 서로 마주 바라보고서 깊게 허리를 숙이며 절하는 것이 전부다. 두 번 정도 수도사 한 분이 제단 앞의 마이크로 다가와 짧게 '에스피리투 산토Espiritu Santo, 성령'를 암송하고는 자리로 돌아갔다.

머리 위로 영혼의 목소리가 내려앉았다. 사랑의 온기를 더 가까이 느끼고 싶은 욕심에 엉덩이를 조금 더 앞자리로 이동했다. 고운체로 걸러낸 화음이 가슴속에서 포말로 부서지더니 눈물이 되어 흘러내렸다. 영혼의 정화가 거친 마음속에서 일어났다. 그리고 모닥불이 잦아들듯 성가가 어둠 속으로 사라졌다. 여운의 정적이 오랫동안 성당 안을 맴돌았다.

산토 도밍고 데 실로스 수도원의 성가는 원래 모사라베 성가였으나 11세기 그레고리안 성가로 바뀌었다. 1994년 빌보드 차트에 오르며 유명해진 이곳 성가를 영국의 클래식 음악 잡지 《그래모폰Gramophone》은 이렇게 평했다. "전문적인 가수가 아니어서 앙상블은 완벽하지 않지만 이들의 노래는 전문성이 묻어나기에 수도사들의 진정성을 느낄 수 있다."

수도사들이 두 줄로 제단을 내려서더니 회중석 중앙 통로로 줄지어 걸어가다 끝에서 오른쪽으로 돌아서 철창문 속으로 사라졌다. 삶과 죽음을 가르듯 철창문이 철커덕 소리를 지르더니 수도사들을 삼키고는 그 입을 꾹 다물어버렸다. 침묵, 침묵, 침묵의 여운마저 어둠의 외딴섬으로 가라앉았다.

　수도사들은 줄지어 작은 제단에 경배하고는 촛불을 끄고 오른쪽 문으로 홀연히 사라졌다. 아름다운 선율만을 남기고 떠나버린 그 철문을 사슴의 눈이 되어 물끄러미 바라봤다. "말과 글은 거짓말의 포장지에 불과하며 침묵의 응시만이 신의 마음이다."라고 한 톨스토이Tolstoi의 글이 오랫동안 가슴에 메아리쳤다.

　빛은 기울고 시간마저 숨을 죽이는 시간, 미사를 주재하신 수도사가 검은 치마를 펄럭이며 걸어왔다. 순간 알 수 없는 소망이 수도사의 눈을 마중했다. "중정의 열주 비밀을 확인하기 위해 여기까지 찾아왔습니다."라고 말하자 수도사의 파란 동공은 오랫동안 나의 눈을 응시했다. 그의 눈이 내 영혼까지 투시하고 나서야 마침내 무거운 입술을 열었다. "10분만 기다려주세요!"

파라다이스
산토 도밍고 데 실로스 수도원 중정

　수도사의 손길이 닿자 철창문이 철커덩 소리를 지르며 입을 열었다. 철문으로 들어서자마자 오른쪽으로 막아선 육중한 나무문이 삐거덕 소리를 지르며 길을 열었다. 짧은 계단이 회랑으로 허리를 숙이는 순간 맑은 햇살이 파란 중정으로 쏟아졌다. 중정의 황금물결이 회랑으로 넘실거렸다.

　산토 도밍고 데 실로스 수도원의 역사는 7세기 서고트 왕국으로 거슬러 오른다. 10세기 산 세바스티안 데 실로스San Sebastián de Silos로 불리다 11세기 산토 도밍고 데 실로스 수도원으로 불렸다. 로마네스크 양식의 수도원 건물 중에서 비틀린 기둥이 있는 이곳 회랑만이 초기 원형을 그대로 유지하고 있다. 그리스·로마의 비례까지 동원해 중정의 아름다움을 설명하던 수도사가 이곳

산토 도밍고 수도원 중정

은 파라다이스라고 말했다. 파라다이스는 페르시아 정원에 기원을 두고 있다. 페르시아(Persia)인들은 정원을 "천국은 푸른 녹지로 되어 있고 아름다운 꽃과 열매가 가득하다. 그곳엔 꿀과 우유가 흐르며 수로와 연못이 많다."라고 묘사했다.

　산토 도밍도 데 실로스 수도원 중정은 스페인의 수도원 중에서 가장 아름다운 곳으로 알려져 있다. 비례가 잘 맞아떨어지는 중정 주위로 회랑을 두르고 있다. 회랑에 면해 아치 기둥을 독특하게 조각해 배치했다. 남북축은 16개의 반원형 아치, 동서축은 18개의 반원형 아치로 구성된 30×33.12m 장방형 중정으로 11

세기에 시작해 12세기 말에 준공됐다. 중정은 대리석으로 만든 원형 분수를 중심에 세우고 십자가의 길을 내 4등분하고 분수를 중심으로 기하학적인 정원을 꾸몄다. 서남쪽 모서리에 수령이 오래된 상록수 한그루가 자라고 있다.

무데하르Mudéjar* 양식의 목재 천장과 모자이크 장식의 회랑 바닥과 벽에 새겨진 장식도 일품이지만 이 회랑에서 가장 주목할 부분은 회랑을 두른 기둥들이다. 그중에서 각 변의 중심에 자리한 기둥은 다른 수도원에서 볼 수 없는 독특한 디테일이다. 정원 바닥을 장식한 십자가의 길이 벽과 만나는 회랑 기둥 중에서 서쪽 회랑의 중앙 기둥만 네 개의 기둥이 서로 꼬여 있다.

기록이 없어서 구체적으로 확인할 순 없지만 동쪽을 바라보고 있는 네 개의 꼬인 기둥 자리가 중정에서 제일 중요한 자리라고 수도사는 설명했다. 일반적으로 중세 성당들은 대부분 동쪽에 제단을 마련하고 서쪽에 입구를

✣ 네 개의 꼬인 기둥

* 기독교화 된 이슬람 건축양식.

✝ 산토 도밍고 데 실로스 수도원의 중정

둔다. 그러나 이 중정에서는 서쪽에 특별한 기둥을 세우고 동쪽을 바라보고 있다. 매일 아침 일출을 마중하려는 것일까. 네 개의 기둥이 꼬여 있으나 어디서 보든 세 개*로 보이는 것이 이 기둥의 비밀이다.

나머지 동·남·북의 중앙에 서 있는 기둥들 역시 모두 수직으로 다섯 개의 기둥이 서 있고 그 중앙에 가는 기둥이 서 있다. 이것 역시 어디서나 세 개의 기둥으로 보였다. 수도사는 중앙의 가는 기둥은 하느님이 내려오는 기둥이라 설명했다. 중앙에 가는 기둥을 박고 그 주위로 네 개의 굵은 기둥을 세운 모습은 예수를

* 성부·성자·성령.

✝ 산토 도밍고 데 실로스 수도원의 중정

둘러싸고 네 복음 천사들이 경배하는 모습이다. 가우디의 성가족 대성당의 신랑과 측랑이 만나는 지붕 위에 예수를 상징하는 첨탑이 서 있고, 그 주위를 네 복음 천사를 상징하는 첨탑이 서 있는 것과 닮았다. 남측 중앙 기둥은 정확하게 중정의 중심을 살짝 벗어나 있다. 이것 또한 풀지 못한 숙제지만 한 세기에 걸쳐 여러 건축가의 손으로 지으면서 생겨난 현상으로 보인다. 나머지 모든 기둥들은 모두 두 개씩 짝을 이루며 박혀 있다.

수도사를 따라 지하 유물 보관소로 내려섰다. 사람 키 높이의 천장 아래 거친 기둥들과 돌 더미들이 어지럽게 놓여 있다. 로마네스크 양식의 돌 더미에 앉은 수도사가 중세 도면을 펼쳐 보였다. 초기 로마네스크 양식의 작은 수도원에서 여러 번 증축을 거친 과정이 도면에 나타나 있었다. 이슬람의 공격으로 무너질 때마다 더 간절한 마음으로 다시 쌓아올린 흔적이었다.

회랑으로 다시 올라와 아치 기둥을 바라보며 천천히 걸었다. 수도원 공동체의 중심이었던 로마네스크 양식의 회랑은 수도사들이 걸으며 묵상하는 장소다. 그런 이유로 이곳 회랑을 신들린 건축가, 조각가 및 정원사들의 손을 빌려 천국의 공간으로 장식했다. 수도원 공식 웹사이트에 이런 글이 나온다. "너의 끝없는 반원아치와 기둥머리 장식은 누가 만들었는가? 시인 또는 조각가? 주님이 이미 주재하신 계획으로 천국에서 내려온 천사가 만들었는가?"

산토 도밍고 데 실로스 수도원 중정

붉은 그리스도의 궁전
레온
카리온 데 로스 콘데스→사아군→레온

레온 대성당의 노을

부르고스 대성당에서 레온 대성당으로 걸어가는 길은 스페인에서 가장 황량한 메세타 고원 길이다. 스페인의 등짝으로 불리는 메세타 고원 길. 황량한 대지가 뿜어내는 열기와 건조함은 중세 순례자에게 고독의 훈장을 깊이 새겨주었다. 황량한 들판에 간간이 나타나는 성당들이 여행자들이 놓쳐버린 마음의 주인을 다시 불러주었다. 메세타 고원 길은 천국으로 열린 회랑이자 우리를 시험하는 인내와 용기의 길이었다.

햇빛에 달구어진 오지기와지붕
온타나스

 아마폴라_{amapola, 양귀비} 꽃송이들이 붉게 타들어가는 황량한 길을 따라 오르니요스 델 카미노_{Hornillos del Camino}에 도착했다. 16세기 고딕 양식의 산 로만_{San Román} 성당이 수탉 조각을 앞세우고 서 있다. 성당 옆의 알베르게에 남은 침대가 없었다. 다음 숙소까지 11km. 그 흔한 창고 건물조차 하나 없는 메세타 고원 길이 사막처럼 이어졌다.

 부르고스에서 레온으로 이어지는 메세타의 길은 해발 600m가 넘는 고원으로 연중 강수량이 200mm가 조금 넘는다. 이 길을 따라 10세기부터 순례자들이 몸으로 길을 내며 걸어갔다. 저만치 몇 그루의 나무숲이 망망대해의 쪽배처럼 넘실거렸다. 숲 그림자에 안긴 낮은 알베르게의 벽에는 '산 볼_{San Bol}'이란 붉은 글자가 선명했다. '아로요Arroyo 산 볼'의 '아로요'는 스페인어로 '작은 개울'이라는 뜻이다. 중세 메세타 고원을 걸어가는 순례자에게 물 한 모금은 신의 은총이었다. 이 마을에 살던 사람들이 갑자기 사라진 것을 두고 전염병 때문이라는 설과 유대인 추방 정책 탓이라는 설이 서로 맞서지만 진실은 알 수 없다. 오늘날 아로요 산 볼에는 돌무더기로 버려진 수도원 유적지가 남아 있다.

산 볼을 지나 가파른 오르막길을 오른다. 마음은 앞서지만 지팡이만 거친 길바닥을 세차게 찔렀다. 중세 프랑스 사람들이 황량한 메세타 고원에 처음으로 정착하고 나서 이슬람 치하에서 빠져나온 스페인 남부 기독교도들이 차례로 정착했다. 이들이 집을 짓거나 땔감을 장만하기 위해 나무들을 베면서 메세타는 유럽의 곡창지대로 변했다.

✝ 산 로만 성당

✟ 온타나스 전경

　족쇄를 찬 중세의 죄수처럼 뒤뚱거리며 걸었다. 희망을 지워 버린 지평선 위로 붉은 기운이 언뜻언뜻 비치다 사라졌다. 신기루 속에서 헛것을 본 것일까. 햇빛에 달구어진 온타나스 오지기와지붕이 이글거리며 떠올랐다. 마침내 붉은 벽돌담이 허리를 세우고 일어섰다. 성모의 성당의 종탑이 오지기와지붕 위로 솟아올랐다.

순례길에서 가장 아름다운 기둥
심판의 기둥

온타나스를 빠져나와 능선을 따라 걸어간다. 밀 타작을 마친 짚단들이 하얀 비닐을 몸에 칭칭 감고 경작지 여기저기 넘어져 있다. 신작로가 부드럽게 휘어지는 모퉁이에 산 안톤 San Antón 아치가 길을 막고 서 있다. 중세 산 안톤 수도원은 허물어지고 뼈만 앙상한 아치가 서서 아침 길을 열어주었다.

✟ 산 안톤 아치

보아디야 델 카미노 심판의 기둥

허물어지는 모든 건축물들은 우리가 알 수 없는 지난 시간의 비밀을 간직하고 있다. 아침 하늘에 그네를 타는 산 안톤 아치는 어떤 비밀을 품고 있을까? 중세 북유럽 사람들이 자주 걸렸던 '산 안톤의 불'이라는 병을 치료해주었던 수도원은 허물어지고 앙상한 벽만 서 있었다. 열정으로 불타던 스테인드글라스 창문은 사라지고 빈 창틀만 파란 하늘을 담았다. 아치 사이에 달려 있었던 문은 온데간데없고 단단하게 막아버린 빈 벽만 무심하니 허리를 세우고 있다. 허술한 벽들이 뾰족아치를 힘겹게 붙들고 서 아침 햇살에 삐죽 고개를 내밀었다.

노을 속에 누더기를 걸치고 세월의 무게를 견디지 못하고 쓰러지고 있는 산 안톤 아치를 바라봤다면 마음까지 타들어가고 말았을지 모른다. 수도원에 분주하게 움직였던 중세 수도사들의 모습을 마음속으로 그리다 길을 나섰다. 산 안톤 아치의 그림자가 카스트로헤리스Castrojeriz 산봉우리 방향으로 달아났다. 산봉우리에 올라탄 중세 성이 고개를 내밀어 산 안톤 아치를 쳐다봤다.

하늘까지 팽팽하게 당겨진 초원 끝에 보아디야 델 카미노 Boadilla del Camino가 자리 잡고 있다. 마을 중앙에 16세기에 지어지고 18세기에 재건된 르네상스 양식의 성모승천 성당이 둔탁한 부벽을 두르고 서 있다. 성당 앞에 7m 높이의 심판의 기둥이 있다. 원추 모양으로 쌓아올린 돌기둥 위에 세장한 장식 기둥이 주두와 탑까지 플랑드르 장식으로 도드라졌다. 투박하게 쌓아올린

✝ 보아디야 델 카미노 성모승천 성당

5단의 기단은 인간 세상을 상징하고, 그 위에 장식을 두른 기둥은 천국으로 인도하는 사다리를 상징하고, 그 위에 원형으로 장식된 탑은 천국을 상징한다.

원형 탑의 아랫부분은 세 겹의 원이 확장되며 악마들이 천국으로 오르는 영혼을 심판하고 있다. 후기 고딕 양식이라기보다는 바로크 양식에 더 잘 어울리는 이 기둥은 프랑스 길에서 가장 아름다운 심판의 기둥으로 불린다. 중세 공개재판이 열리기 전 중죄인을 쇠사슬로 채워 끌고 나와 이 기둥에 묶어놓았다.

순례길의 심장
카리온 데 로스 콘데스

버드나무 군락이 줄지어 있는 오르막길을 차고 올랐다. 느린 물줄기가 파란 하늘을 비췄다. 텃새들이 재잘거리는 갈대숲을 벗어나자 콘크리트 다리 위로 수문을 조절하는 스틸 장치가 솟아올랐다. 수문 아래 층층이 낮아지는 타원형의 수반은 그 자체로 조형 작품이었다. 18세기 중반에 조성해 19세기 초에 완성된 카스티야 운하는 카리온Carrión강과 피수에르가Pisuerga강의 물을 티에라 데 캄포스Tierra de Campos에 나눠줬다. 한때 200km 운하를 따라 배가 지나갔다.

운하를 벗어나자 길은 철길 아래 터널 속으로 달아나며 프로미스타Frómista를 액자 속에 담았다. 곡식을 뜻하는 라틴어에서 유래한 프로미스타에 11세기 로마네스 양식의 산 마르틴 성당과

✤ 산 마르틴 성당

15세기 산 페드로 성당, 16세기 산타 마리아 델 카스티요Santa Maria del Castllo 성당이 중세의 영광을 전시하고 있었다.

마을 중앙의 산 마르틴 성당은 11세기에 지어진 로마네스크 양식의 걸작이다. 완벽한 대칭형의 박공지붕 아래 모던한 탑과 궁륭이 전체적으로 조화를 이루었다. 문과 아치 그리고 주두에 조각된 당나귀, 음악가, 곡예사 등 다양한 조각 장식들이 두 눈을 사로잡았다. 성당 내부의 주두에 새겨진 인물 조각들은 그곳이 중세 석공들의 비밀결사 장소였음을 가리켰다. 15세기 순례자 병원이 있을 정도로 번성했던 이 마을의 치즈 박물관에서는 치즈 제조 과정을 볼 수 있다. 프로미스타 치즈는 알폰스 12세에게 치즈를 공급하면서 유명해졌다.

카스티야 운하

황량한 메세타 고원 길을 따라 템플기사단의 본거지였던 비얄카사르 데 시르가Villalcázar de Sirga를 가로질렀다. 마을 중앙에 템플기사단이 세운 산타 마리아 라 블랑카Santa María la Blanca 성당의 거대한 장미창이 눈에 띄었다. 13세기에 건축된 이 성당은 팔렌시아Palencia 주의 보물로 14세기에 소성당이 추가됐다. 성당의 주 출입구에 궁륭을 설치하고 내부에 작은 아치 출입구를 박아놓아서 신성함을 더했다. 투박한 성당 안에 템플기사단의 무덤과 현왕El Sabio 알폰소 10세의 동생 돈 펠리페와 그의 아내 도냐 레오노르Doña Leonor의 무덤이 놓여 있다.

초록 들판이 끝도 없이 펼쳐지는 길을 따라 걸었다. 지평선 끝

산타 마리아 라 블랑카 성당

에 카리온 데 로스 콘데스Cartión de los Condes가 천천히 고개를 내밀었다. 이 마을은 순례길의 중심이라는 이유로 순례길의 심장으로 불렸다. 마을 중앙에 로마네스크 양식의 산타 마리아 델 카미노Santa María del Camino 성당이 아치 회랑을 길에 바투 세우고 있었다. 아치 출입구 위에 새겨진 동방박사의 부조를 바라보며 회중석으로 들어갔다. 로마네스크 양식의 투박하고 작은 창에서 칼 빛이 어둠을 가르며 날아와 가슴을 찔렀다.

조금 더 걸어가자 스페인 문학의 산증인 마르케스 데 산티야나Marqués de Santillana의 생가가 나타났다. 출입구 위 하얀 바탕에 마르케스의 탄생일1398년 8월 19일을 알리는 숫자가 선명했다. 몇 발짝

✦ 카리온 데 로스 콘데스

✤ 판토라크토르 부조

✤ 산 소일로 왕립 수도원

걸어가자 고풍스런 자태의 12세기 산티아고 성당이 보였다. 아치 출입문 위에 스페인 로마네스크 양식의 걸작으로 불리는 그리스도 판토크라토르Pantocrátor, 만물의 지배자 부조가 수평으로 새겨져 있다. 출입구 좌우에 세장한 장식을 새긴 원형 기둥 위의 아치 둘레에는 작은 인물상이 앉아 있다.

중세 건물의 숲을 밀어내고 카리온 다리를 넘었다. 12세기 산 소일로San Zoilo 왕립 수도원이 로마네스크 양식의 거대한 벽을 성벽처럼 세우고 다가왔다. 까마득한 벽의 꼭대기에 중세 문장을 세우고 그 아래 두 줄의 레이스로 받치고 그 아래 페디먼트를 눌러쓴 출입문을 박았다. 다양한 형태의 조각이 질서 정연하게 박힌 이 수도원의 대문에서 순례자들에게 빵을 나눠줬다.

16세기부터 18세기에 걸쳐 개축된 이 수도원은 오늘날 파라도르parador, 국영 호텔로 변신했다. 수도원의 작은 중정은 뾰족아치 창문이 회랑을 둘러싸고, 선이 굵은 리브가 나뭇가지처럼 회랑 천장을 장식하고, 바닥에는 아치 창문이 그림자를 늘였다. 파란 잔디 마당의 중정 가운데 원형으로 된 분수 속에 정원수가 크리스마스트리처럼 자라나 있다. 중세 역사가 잠들어 있는 수도원을 호텔로 꾸며 놓은 곳이 스페인 전역에 있다. 중세 수도원의 공간 속에 침실이 박혀 있어서 현대건축이 결코 흉내 낼 수 없는 신비한 공간으로 시간 여행을 떠날 수 있다.

오늘의 시간이 어제를 초대하다
삼위일체 성당

봄비가 세차게 뿌리다 그치자 들판이 세수한 듯 반짝반짝 윤이 났다. 이탈리아에서 온 하반신마비 토마스가 핸드 사이클을 손으로 굴리며 바람처럼 사라졌다. 이슬람 무어인의 손길이 남아 있는 아도베(adobe, 흙벽돌) 벽들이 허물어져가는 테라디요스 데 로스 템플라리오스(Terradillos de los Templarios)를 벗어나자 황톳길이 녹색 들판으로 파고들었다.

사아군 입구에서 오른쪽으로 난 세키요(Sequillo)강을 따라 걸었다. 버드나무 길 끝에 푸엔테(Puente) 성모 소성당이 낮게 서 있고, 그 앞으로 로마 다리가 허리를 둥글게 접고 놓여 있다. 로마 다리를 건너자 그리스 신상처럼 생긴 조각상이 쌍으로 대문처럼 서 있고, 오른쪽엔 허물어지다 남은 듯 푸엔테 성모 소성당이 판

✟ 푸엔테 성모 소성당

벽의 종탑을 세우고 서 있다. 이곳 소성당에서 매년 4월 25일 축제가 열린다.

    철길을 가로질러 부챗살 모양의 사아군으로 파고들었다. 무너질 듯 낡은 무데하르 양식의 건물이 목재 기둥과 보를 훤히 드러내고 막아섰다. 그 맞은편에 순례자 조각상이 투박한 중세 성당의 출입구를 지키고 있다. 창문을 메운 흔적이 뚜렷한 벽면에 나무 문 하나가 박혀 있었다. 출입구를 들어서자 긴 홀의 오른쪽엔 마을 회관, 왼쪽엔 알베르게 출입구가 마주보고 있다. 낡은 16세기 삼위일체 성당Iglesia de la Trinidad에는 알베르게와 마을 회관이 들어가 있다.

    삐걱거리는 계단으로 2층 알베르게로 올랐다. 거칠게 노출된

✞ 삼위일체 성당 입구의 순례자 조각상

중세 돌 벽과 기둥을 보강하고 그 위에 철제 보를 걸어 나무 바닥을 설치하고 이층 침대를 줄지어 놓았다. 침대에 앉아 거친 목재 보가 노출돼 있는 천장을 바라보는 순간 중세 유적 속에 들어온 느낌이었다. 빛과 어둠이 교차하듯 중세와 현대가 시간의 경계를 허물고 서로 손을 잡았다.

도시의 매력은 오래된 건물들이 자아내는 기억의 합창이다. 도시 재생의 핵심은 수 세기 전에 살았던 선조들의 이야기를 오늘의 공간에 초대하는 것이다. 세대를 훌쩍 뛰어넘어 할아버지의 기억을 손자와 그 손자가 공유하는 것이다. 중세도시를 방문할 때 현대 도시에서는 발견할 수 없는 특별한 감정을 느끼는 것은 오래된 시간이 도시 공간 속에 켜켜이 남아 있기 때문이다.

기억을 잃어버린 사람은 인생의 소중한 추억들을 잃어버린 것이듯, 기억을 상실한 도시는 치매에 걸린 도시에 지나지 않는다. 매일 새로움만 반복된다면 우리의 삶은 기억을 상실한 로봇으로 전락할 것이다. 중세 성당의 외피는 그대로 두고 그 속을 현대 공간으로 꾸며놓은 건물에 들어설 때마다 할아버지와 손녀가 나란히 앉아 동화를 읽고 있는

✟ 삼위일체 성당

느낌이었다. 중세 건물에 안기는 것은 역사의 숨을 쉬는 자유의 몸짓이었다.

갑자기 축포 소리가 요란하더니 마을 회관에서 노랫소리가 우렁차게 울렸다. 6월 12일 벌어질 축제 전야제 공연이 열리고 있다. 성당 제단 부분이 무대로 바뀌었을 뿐 거친 천장과 벽은 그대로다. 남녀노소 주민들로 구성된 지역 주민 합창단이 단체복을 갖추고 단상에 도열하더니 일제히 하얀 가면을 쓰고 노래를 불렀다. 중세 공간에서 벌어지는 공연은 오늘의 시간이 어제의 시간을 초대하는 의식이었다. 스페인은 일 년 내내 축제가 벌어지는 나라, 자유로운 영혼이 춤추는 나라다. 하얀 가면을 쓰고 시작한 공연은 바르셀로나 올림픽 공식 찬가 '아미고스 파라 시엠프레Amigos Para Siempre, 영원한 친구'로 막을 내렸다.

수도원의 도시
사아군

이른 아침 무데하르 풍의 건물들이 줄지어 있는 사아군을 가로질렀다. 길을 가로막고 산 베니토San Benito 아치가 붉은 조명을 받고 있다. 산 파군San Fagún의 이름에서 유래된 사아군은 11세기 말 스페인 클뤼니 수도원의 도시로 성장했다. 『스페인사』에 따르면 프랑스에서 건너온 클뤼니 수도사들이 이곳 황량한 메세타 고원에 수도원을 세웠다. 그들은 스페인의 구태의연한 교회를 교황 그레고리우스 7세 시대의 이상주의적 개혁가들이 제시한 제도에 맞추어 개혁했다.

이 개혁 운동의 지도적 인물은 프랑스 클뤼니 수도사 베르나르 드 세디락Bernardo de Sedirac이었다. 베르나르가 그의 대리인을 통해서 레온-카스티야의 교회들을 프랑스와 교황의 노선에 따라 개혁했다. 14세기에는 대학이 있을 정도로 사아군은 번성했지만 권력의 중심이 남쪽으로 이동하면서 19세기에 수도원이 해체되고 수도원 건물들은 파괴됐다. 베르나르 드 세디락은 또 다른 클뤼니 교단 출신의 교황 우르바누스Urbánus 2세의 친구였다. 우르바누스 2세는 사아군의 수도원장과 톨레도 대주교를 역임했다. 이는 중세 사아군이 순례길의 길목을 지켰던 수도원의 도시였음을 증명한다.

  화려한 산 베니토 아치는 당시 찬란했던 중세 산 베니토 왕립 수도원의 규모를 짐작케 한다. 옛 수도원의 흔적은 온데간데없

산 베니토 아치

✛ 산 베니토 수도원 종탑

✛ 만시야 데 라스 물라스 산타 마리아 성당

이 사라지고 산 베니토 아치만이 홀로 남았다. 박공지붕 모양의 판벽을 대칭으로 세우고 문장과 장식을 주렁주렁 달고 있다.

로마네스크 양식의 절제미와 균형을 유지하며 꼿꼿하게 선 중세 아치는 대수도원의 영광을 넌지시 보여주고 있다. 산 베니토 아치 동쪽으로 허물어진 채로 우뚝한 종탑과 그 아래로 뼈대만 앙상하게 남아 있는 아치들이 세월의 상흔을 부여잡고 부스러질 듯 서 있다.

차가운 아침 공기가 내려앉은 운하를 가로질렀다. 저만치 만시야 데 라스 물라스 Mansilla de las Mulas 가 지평선 위로 살짝 부풀어 올랐다. 오렌지색 박공지붕 뒤로 산타 마리아 성당의 종탑이 보였다. 마을 입구의 광장에는 대리석 피라미드가 솟아 있고, 피라미드 아래에는 걸터앉아 배낭을 뒤지는 사람, 턱을 괴고 고개를 하늘로 세운 사람, 그리고 망연자실 엎드려 있는 조각상들이 제각각으로 놓여 있었다. 무엇이 사람인지 조각상인지 알 수 없을 지경이었다.

광장 오른쪽으로 중세 성벽을 둘러싼 성문이 길로 허물어져 있다. 포석 길을 따라 중세 풍의 발코니가 화려한 자태를 뽐냈다. 산타 마리아 성당을 지나 조각상으로 가득한 포소 Pozo 광장을 지나치고서 중세 다리에 올랐다.

네덜란드에서 온 아브릭이 다리 난간에 기대 카메라에 눈을 박고서 금방이라도 셔터를 누를 태세다. 그의 시선이 향하는 곳

✝ 비야렌테 석조 다리

으로 눈을 옮겼다. 아침 햇살이 중세 성벽을 막 올라타고 있었다. 성벽 위로 수평으로 길게 이어진 총안들이 햇살에 빛났다. 그 위로 종탑이 성벽 위로 촉을 세우고서 중세 이야기를 하늘에 쓰고 있었다.

끝도 없이 뻗은 직선 길을 마침내 벗어나 왼쪽 숲으로 파고들었다. 숲길 사이에서 나무 바닥이 깔린 스틸 다리가 수면 위를 가로지르고 있다. 스틸 다리 앞으로는 비야렌테Villarente 석조 다리가 20여 개의 아치를 그리며 포르마Porma 강을 유선형으로 가로질렀다. 마치 거대한 곤충의 다리가 엉금엉금 기어가는 듯했다.

레온 산업 단지를 지나 토리오Torio 강을 건너 마침내 중세도시 레온에 도착했다.

성모 마리아의 발현
코바동가의 성스러운 동굴

레온 버스 터미널에서 버스를 타고 북쪽으로 120㎞ 떨어진 중세도시 오비에도로 향했다. 오비에도는 스페인 국토회복운동의 성화가 피어오른 곳이자 9세기 최초의 순례길이 시작된 곳이다. 오비에도에서 하룻밤을 묵은 뒤 이른 아침 버스를 타고 오비에도 서쪽으로 76㎞ 떨어진 코바동가의 성스러운 동굴, 산투아리오 데 코바동가Santuario de Covadonga로 갔다.

깊고 험한 협곡 사이로 꼬불꼬불 버스가 기어오르더니 마침내 깎아지른 절벽에 박힌 성스러운 동굴을 스치고는 코바동가의 언덕마루에서 멈췄다. 동서 방향으로 박물관과 펠라요 동상과 성당이 줄지어 서 있고, 남쪽으로 호텔이 성스러운 동굴을 등지고 있었다. 오늘날 유럽의 산정이라 불리는 피코스 드 유로파Picos de

173

Europa 국립공원의 서북쪽 모서리에 성스러운 동굴이 위치해 있다.

서기 711년 스페인 서고트 왕국은 이슬람 세력의 침략에 속수무책으로 무너졌다. 펠라요 장군이 유민을 이끌고 아스투리아스 깊은 산중으로 달아나 프라비아$_{Pravia}$*에 초라한 아스투리아스 왕국을 세웠다. 722년 코바동가의 성스러운 동굴에서 성모 마리아의 축복을 받은 그가 협곡에서 매복해 300여 명의 이슬람 군대를 처음으로 무찔렀다.

코바동가의 승리를 두고 『스페인사』에서 리처드 플레처는 군사적으로 큰 의미가 없는 사소한 충돌이라 했다. 그러나 그 초라한 승리가 수 세기에 걸친 국토회복운동의 서막이었음을 부정하지 않았다. 코바동가 전투의 승리를 발판으로 알폰소 2세는 808년 프라비아에서 오비에도로 천도했다. 813년 산티아고의 무덤이 발견되자 알폰소 3세는 기다렸다는 듯이 오비에도에서 산티아고의 무덤으로 이어지는 9세기 최초의 순례길를 개척했다. 9세기 순례길이 10세기 순례길로, 또 12세기 프랑스 길로 발전해 마침내 스페인을 구하고, 유럽을 깨웠다.

거뭇거뭇 세월의 더께가 흘러내리는 절벽에 타원형 자연 동굴이 박혀 있다. 동굴 왼쪽 모서리에는 버터색의 대리석 성소가 요정의 집처럼 한쪽 발을 절벽에 디딘 상태로 박공지붕을 눌러쓰

* 오비에도 서북쪽 37km.

✝ 코바동가의 성스러운 동굴

고 있다. 코바동가 동쪽으로 100km 떨어진 알타미라Altamira 동굴이 인류의 기원을 알리는 동굴이라면 성스러운 동굴은 스페인 기독교도들이 희망을 불씨를 지핀 동굴이다. 19세기 스페인 이사벨 2세가 이곳 동굴에서 견진성사를 받으면서 스페인 가톨릭의 성지임을 알렸다. 1989년 교황 요한 바오로 2세의 방문으로 유럽의 기독교 역사가 이곳 성스러운 동굴에서 시작됐음을 세상에 알렸다.

   호텔 오른쪽에 박힌 성스러운 동굴 입구로 향했다. 철문을 지나 아치 동굴 속으로 들어갔다. 자연석을 쪼아낸 아치 터널의 거친 표면에 여러 겹으로 조명이 산란돼 신성한 분위기를 자아냈

코바동가의 성스러운 동굴

코바동가 동굴 십자가

다. 터널이 끝나는 지점에 작은 아치가 절벽으로 열렸다. 아치 속에 세 개의 십자가가 기단석 위에 어깨를 마주하며 서 있다. 작은 아치를 밀어내자 곧바로 넓은 동굴이 절벽으로 열렸다. 동굴 바닥은 오른쪽으로 곡선을 그리며 천장과 하나가 됐다. 동굴 끝에 박힌 꼬마 성소 앞으로 제단이 있고, 신도들의 자리가 두 줄로 가지런했다.

거친 동굴에 박힌 성소는 절벽에 박힌 카타콤catacomb*이자, 성모 마리아 품에 안긴 아기 예수였다. 대성당의 금빛 제단과 웅장한 신랑에는 비길 수 없지만, 거친 동굴 성소에서 신비한 기운이 풍겨 나왔다. 그리스도가 아니고 하필이면 성모 마리아가 왜 이곳에 발현했을까. 니코스 카잔차키스Nikos Kazantzakis는 중세 성모 마리아는 모든 스페인 사람들의 어머니라고 했다. 성모 마리아의 품은 중세 모든 기독교도들의 어머니 품이었다. 동굴의 크기로 보면 수백 명의 기독교도들이 비바람을 피하며 숨어 지내기에 충분했다.

동굴이 열리는 절벽으로 시선을 던지자 건너편 절벽 위에 핑크빛 석회석을 두른 신 로마네스크 양식의 성당이 쌍으로 첨탑을 세우고 있다. 언덕 위에 붉은 성이 올라타고 있는 듯했다. 절벽 옆으로 설치된 돌계단을 따라 동굴 아래로 내려갔다. 동굴 아

* 초기 기독교 시대의 비밀 지하 묘지.

래 물줄기가 흘러내려 수반을 이루었다. 이 물줄기는 이곳 동굴에서 남서쪽으로 10km 떨어진 유럽의 산정에 있는 에놀 Enol 호수와 에르시나 Ercina 호수의 물에서부터 온 것이라 한다. 높이 차이가 800여 미터니 이론적으로 가능할 수 있겠다. 코바동가의 샘물은 프랑스 남서부의 피레네 골짜기의 루르드 Lourdes 샘물처럼 기적의 샘으로 알려져 있다. 코바동가 박물관 앞에서 에놀 호수로 관광객을 실어 나르는 길을 따라 매년 스페인 자전거경기가 벌어지고 있다.

가파른 계단 길로 19세기 코바동가 성당에 올랐다. 수도원 부

✝ 코바동가 성당

속 건물과 성당 사이 공터에 병사들에게 승리의 확신을 심어주었던 그 자태로 8세기 펠라요 장군의 청동 조각상이 절벽을 등지고 서 있었다. 끝이 뾰족한 코바동가 성당의 첨탑은 대칭으로 웅장하지만 실내 회중석은 천장고가 높은 밋밋한 고딕 양식이었다. 르네상스 양식의 작고 아담한 성당이 서 있었더라면 동굴 성소와 조화를 이루었을 것이다.

✣ 코바동가 성당

산티아고의 검은 눈동자
산 미겔 데 리요 성당

　오비에도의 역사는 알폰소 2세가 808년 프라비아에서 오비에도로 왕국의 수도를 옮기면서 시작됐다. 813년 산티아고의 무덤이 발견되자 알폰소 3세는 오비에도에서 산티아고의 무덤으로 향하는 9세기 최초의 순례길을 개척했다. 알폰소 3세는 스페인 내란을 신들의 전쟁으로 디자인했다. 그 순간 전 유럽이 산티아고의 우산 아래 하나가 됐다. 오비에도가 스페인 국토회복운동의 중심으로 부상하면서 오비에도는 스페인 건축의 용마루가 됐다. 10세기 레온 왕국이 탄생해 레온에서 산티아고 무덤으로 향하는 10세기 순례길이 생겨나자 오비에도는 역사의 뒤안길로 밀려났다.

　오비에도 서북쪽 나란코Naranco산 중턱에 1985년 유네스코 세계문화유산으로 등록된 석조 건축물 두 동이 남아 있다. 산 프란시스코San Francisco 공원의 동쪽 모서리에서 A2 버스에 올라 나랑코 유적지로 달렸다. 버스가 중세 건물들의 숲을 스치자 박공지붕을 눌러쓴 폰칼라다Foncalada의 샘이 나타났다. 알폰소 3세 치세 동안 만들어진 폰칼

✝ 산 미겔 데 리요 성당

라다는 아치 속에서 가는 물줄기를 흘리고 있었다.

　버스가 시가지를 벗어나 언덕배기 정류장에서 멈췄다. 찰진 오르막 흙길이 산 미겔 데 리요San Miguel de Lillo 성당으로 이어졌다. 능선을 사이에 두고 846년 라미로Ramiro 1세가 건축한 산 미겔 데 리요 왕실 부속 교회와 산타 마리아 델 나랑코Santa Maria del Naranco 왕궁이 200여 미터 떨어져 있었다. 오비에도가 한눈에 굽어보이는 산비탈에 왕궁과 왕실 부속 교회를 세운 이유는 명확하다. 도시 중심보다는 산비탈이 적의 공격으로부터 안전하기 때문이다. 797년 오비에도가 이슬람 군대에게 약탈당한 치욕의 역사를 기

✣ 산티아고의 검은 눈동자를 닮은 산 미겔 데 리요 성당

억하고 있기에 산비탈에 작고 초라한 왕궁과 부속 교회를 지은 것이다.

산 미겔 데 리요 성당을 한 바퀴 돌며 천년의 향기를 마셨다. 그 흔한 기단조차 만들지 못하고 파란 잔디 위에 돌의 성소가 올라타 있었다. 기단을 세울 여유도 없어서 전기 로마네스크 양식의 라틴십자 평면 위에 거친 벽을 쌓아올렸다. 직사각형 평면에 주 출입구와 좌우 측랑이 살짝 드러나 있다.

세월의 풍상에 거무튀튀한 9세기의 정면을 올려다봤다. 박공지붕을 눌러쓴 볼륨이 좌우 경사 지붕을 달아내 대칭을 이뤘다. 돌출한 정면은 박공지붕 아래 작은 판을 눈썹처럼 달고, 그 아래

✞ 산 미겔 데 리요 성당

아치창을 긴 코처럼 수직으로 박고, 그 밑으로 아치 출입구를 입처럼 박아놓았다. 뒷걸음질 치며 정면을 다시 올려다봤다. 박공지붕 뒤로 후퇴한 박공지붕이 이마에 장미창을 달고 있다. 돌의 천사가 날개를 펄럭이며 하늘로 날아오르는 듯했다. 상부 이마에 쌍으로 박혀 있는 돌출 판이 그림자를 늘어뜨리는 순간 산티아고의 검은 눈동자가 껌벅거리는 듯했다.

돌 하나 제대로 가공할 틈이 없었던 석공들은 서고트 왕국의 석재를 재가공해 작고 소박한 왕실 부속 교회를 지었다. 바람 앞에 촛불로 흔들리던 중세 이 성당은 산티아고의 기적을 오비에도 하늘로 피워 올린 희망의 불꽃이었다. 신라의 불상이 신라인의 얼굴을 닮았듯이 산 미겔 데 리요 성당은 아스투리아스 민중들의 얼굴을 닮은 듯했다.

소박하지만 넘치지 않는 자태, 검소하지만 투박한 입면은 왕국의 시작이 미미했음을 보여준다. 그 흔한 기단조차 쌓지 못하고 후진이나 원기둥도 없이 투박한 로마네스크 양식으로 서 있다. 사진으로 본 성당 내부 공간은 거친 돌로 쌓아올린 아치들이 둘러싼 돔 아래 예배 공간이 웅크리고 있다.

신을 찬양하는 장식을 지워버린 어눌한 성당의 남쪽과 서쪽 벽에 박힌 아치 창문이 유리막을 치고 있다. 유리막 사이로 드러난 창문은 이슬람 건축양식을 기독교식으로 살려낸 무데하르 양식이지만 그 장식은 지극히 소박했다. 아치창의 상부에 큰 원을 두고 그 둘레에 큰 원과 작은 원을 겹쳐가며 곡선의 격자무늬 창이 장식됐다. 그 아래 세 개의 아치를 수평으로 세워져 있고 아치를 받치는 기둥의 주두에는 코린트 양식을 닮은 초엽 장식을 새기고 기둥에는 사선으로 로프 모양으로 장식이 돼 있다.

영국에서 온 청춘 남녀가 낮은 경계석에 걸터앉아 성당의 출입구를 바라보며 나란히 누웠다. 천년의 향기를 마시며 중세 왕국으로 시간 여행을 떠나는 듯했다. 거친 돌의 신전이 소박하게 서서 세상 끝, 산티아고 대성당으로 눈을 던지고 있었다.

황제의 위엄을 드러내다
산타 마리아 델 나란코 왕궁

발길을 돌려 산타 마리아 델 나란코 왕궁 앞에 섰다. 오비에도 시가지가 한눈에 굽어보이는 비탈진 언덕에 동서로 길게 뻗어 있다. 남북으로는 날개벽을 세웠다. 비탈진 언덕 위에 망루처럼 서서 오비에도를 굽어보고 있지만 그 모습은 허술했다. 경사지에 기단을 쌓고 라틴십자형 평면에 올라탄 왕궁은 알폰소 2세의 계승자인 라미로 1세가 846년 지었다.

동서로 긴 박공지붕을 덮고 그 중앙의 남북 십자로 본체보다 조금 낮은 지붕을 달아 아치 출입구를 세웠다. 북쪽과 대칭으로 서 있던 남쪽 출입구는 언제 허물어졌는지 돌 기단만 잿빛으로 누워 있고, 이음새는 얼기설기 잘려나가 너덜너덜했다. 북쪽 날개벽에 설치된 출입구는 2층 현관으로 난간 없는 돌계단이 대칭

✟ 산타 마리아 델 나란코 왕궁

으로 놓여 있다.

　산타 마리아 델 나란코 왕궁의 서쪽 입면을 바라봤다. 박공지붕 아래 작은 아치창이 나란히 세 개 뚫려 있고, 그 아래 입면을 가득 채운 세 개의 아치에 발코니가 놓여 있다. 그 아래 1층 벽면의 중앙에 아치 출입문이 박혀 있었다. 단순하지만 완벽한 대칭 구조다. 가운데 2층 발코니 아치는 산 미겔 데 리요 성당의 남쪽 창문 디테일을 조금 확장 한 것이다. 동일한 건축가의 손으로 지어졌음을 짐작케 한다. 외관의 버트레스와 일대일 대응하는 횡축 리브와 배럴볼트_{barrel vault}* 구조는 이 건물이 로마네스크

* 반원통형 아치.

양식의 선구자임을 말하고 있었다.

중앙에 박힌 두 개의 원기둥과 측면의 반원기둥에는 소게아도*라 불리는 로프 모양의 장식이 세장하게 새겨져 있었다. 아치를 받치는 기둥의 주두에는 코린트 양식을 닮은 초엽 장식을 조각하고 기둥

✤ 산타마리아 델 나란코 왕궁의 서쪽 입면

의 받침에도 정성 들여 장식했다. 아치 속에 작은 발코니를 만들어 황제의 위엄을 드러내고 있지만 크게 도드라지지 않았다. 중앙 아치가 좌우 아치보다 조금 더 높게 되어 있지만 금세 느끼지 못할 정도다.

동쪽 입면 역시 1층을 제외하곤 서쪽 입면과 엇비슷하다. 1층에 세 개의 나란한 아치 속에 나무 문이 박혀 있었다. 세로로 쪽

---

* 소게아도 기둥은 성경(출애굽기 33장)에 나오는 솔로몬 제단의 나선형 기둥을 형상화 한 것으로 보인다. 나선형 기둥은 구름 기둥을 의미하며 땅 위에 세워지기 전에 구름 속에서 솟아 나왔다는 것을 암시한다.

† 산타 마리아 델 나랑코 왕궁의 동쪽 입면 1층 나무 문

매널을 세운 나무 문의 상하부에 녹슨 철제로 마감하고 군데군데 투박한 못을 박았다. 석조 아치 둘레에도 두 줄의 장식 홈을 가지런히 새기고, 나무 창문의 중앙에 십자가 문양의 홈을 파놓았다. 십자가 홈 사이로 한 줄기 빛이 어둠 속으로 퍼져나갔다. 투박한 나무 창문의 중앙에 십자가 문양을 파고서 그 사이로 빛을 불어넣은 장인의 마음이 손끝에 잡혔다.

나랑코 왕궁의 입면은 산 미겔 데 리요 성당보다 좀 더 모던하고 대칭적이지만 그 구조와 디테일은 엇비슷하다. 남쪽에 붙어 있었던 계단실만 훼손됐을 뿐 남아 있는 볼륨은 완벽한 대칭형이다. 검박한 디테일의 작은 돌집에 중세의 간절한 시간이 새겨져 있었다. 마드리드 왕궁 Palacio Real de Madrid의 백색 대리석의 바로크 장식에서는 결코 느낄 수 없는 간절함이 거친 돌조각에 새겨져 있었다.

이 작고 보잘것없는 석조 건물이 1985년 유네스코 세계문화유산으로 등재된 이유는 이 건물이 중세의 길목을 지키고 있었기 때문이다. 왕궁 앞에 서서 오비에도 시가지를 굽어봤다. 저 멀리 산티아고 칼라트라바가 설계한 의회 건물이 오비에도 창공으로 날아올랐다.

나란코 왕궁에서 내려다본 오비에도

늙은 돈키호테
오비에도 대성당

    오비에도 대성당 동북쪽으로 15분 거리(고속도로 위)에 830년 지어진 로마네스크 양식의 산 훌리안 데 로스 프라도스_{San Julián de los Prados} 성당이 있다. 이 성당 역시 1998년 유네스코 세계문화유산으로 등록됐다. 박공지붕 위에 올라탄 박공의 종탑은 볼수록 앙증맞았다. 내부에 보존된 벽화는 거칠었다.

    대성당의 종탑이 우뚝한 역사 지구로 걸었다. 안톤 폼보_{Anton Pombo}의 『산티아고 북쪽 길』에 의하면, 알폰소 10세는 순례자를 일컬어 "걸어서 산티아고 또는 오비에도를 여행하는 사람"이라 불렀다. 스페인 현대문학 작가 헤수스 페르난데스 산토스_{Jesús Fernández Santos}는 아스투리아스 지역을 "약속의 땅으로 향하는 관문"이라 불렀다. 8세기 아스투리아스 산악 지역만이 이슬람의

✦ 산 훌리안 데 로스 프라도스 성당

말발굽이 유린하지 못한 땅이었다.

아스투리아스 사람들은 오늘날까지 자신들의 땅만이 '순수한 땅'이고 나머지 스페인 땅은 '회복된 땅'이라 부른다. 또한 "산티아고만 가고 오비에도에는 가지 않는 순례자는 순례길의 하인만 방문하고 주님을 잊은 것이다."라고 한다. 이런 연유로 "오비에도를 거치지 않은 순례자는 산티아고 순례길을 걸은 것이 아니다."라는 말이 생겨났다. 이후 오비에도를 '산티아고의 작은 집'으로 불렀다.

오비에도 역사 지구는 아스투리아스 고고학 박물관, 주교의 저택이었던 코라다 델 오비스포 Corrada del Obispo, 거대한 우산이 있는 우산 광장 Plaza del Paraguas, 신 무데하르 양식의 폰탄 시장 Mercado El

✛ 오비에도대성당

Fontán, 헌법 광장Plaza de la Constitución, 18세기 주랑이 남아 있는 폰탄 광장Plaza del Fontán이 중세 거미줄 골목에 엮여 있었다.

오비에도 대성당 앞에는 좁고 긴 광장이 놓여 있다. 살바도르Salvador, 구원자 대성당으로 불리는 오비에도 대성당은 라틴십자형 평면 위로 붉은 오지기와지붕이 얹혀 있지만 종탑에 가려 입면은 어수선했다. 다양한 크기의 중정을 안고서 대성당이 펠라요 수도원까지 확장됐지만 좁은 광장에서 전체 모습은 제대로 드러나지 않았다.

오비에도 대성당은 9세기 산티아고 순례길의 영광을 10세기 레온 왕국에 넘겨주고서 역사의 뒤안길로 사라진 뒤 14세기에 착공해 16세기 말에 완공됐다. 15세기 말 스페인이 통일되고, 한 세기가 지나 완공된 대성당에는 중세의 허허로움이 투영돼 있었다. 스페인 플랑드르 고딕 양식 중에서 가장 뛰어난 종탑이라고 강조하지만 종탑 상부의 장식만 도드라졌다. 공사비 조달의 어려움으로 층고는 낮고, 쌍으로 서 있어야 할 종탑은 주 출입구 오른쪽에 나 홀로 우뚝했다.

1492년 스페인이 통일되고 순례길이 시들해진 16세기 말 스페인 왕실의 수도는 이미 톨레도를 떠나 마드리드에 정착했다. 15세기 말 콜럼버스의 신대륙 발견 이후 오대양을 호령했던 무적함대가 1588년 8월 돌이 많은 영국 해안에서 영국 해군에게 격침당했다. 그 순간 스페인의 영광도 차가운 바닷속으로 가라

앉았다.

제단으로 도열한 신랑은 소박하고 라틴십자형 평면 좌우로 펼쳐진 부속 공간들은 산만하고 나 홀로 종탑은 대칭성을 깨뜨려버렸다. 대성당을 바라보고 있으면 돈키호테가 인생의 황금기를 덧없이 보내고 늙은 몸으로 지팡이를 짚고 막 일어서는 모습이다.

오늘날 오비에도 대성당에는 두 가지 보물이 남아 있다. 대성당 박물관에서 별도의 출입구로 들어서면 나타나는 카마라 산타 Cámara Santa가 그 첫 번째 보물이다. 이곳에 9세기 알폰소 2세가 당시 서고트 왕국의 수도였던 톨레도가 이슬람 군대에 함락되기 전에 구출한 성물들을 전시해놓았다.

두 번째 보물은 2천 년 전 예수의 얼굴에 덮었던 수건으로 알려진 수다리움Sudárium이다. 이 수건은 이탈리아 투린Turin 성당에 보관돼 있는 세마포(수의)와 별도로 예루살렘에 보관돼 오다가 12세기 초 오비에도 대주교가 입수해 대성당에 모셨다.

독수리처럼 날아오르다
팔라시오 데 콘그레소스

    오비에도 대성당과 대칭점에 21세기 오비에도 비전을 상징하는 현대건축물이 있다. 신시가지의 중심에 의회 복합건물인 팔라시오 데 콘그레소스Palacio de Congresos가 독수리처럼 창공으로 날아올랐다. 순백의 건축물이 날개깃을 세우고 있는 이 추상적인 건물은 스페인의 세계적인 건축가 산티아고 칼라트라바의 작품이다. 그는 주로 뼈와 관절과 근육질로 이루어진 동적인 건축물을 연이어 세우고 있다.

    호텔과 의회 청사를 포함한 다용도 복합건물인 이 건물은 단순한 골격에 순백의 옷을 입고 있지만 그 형상은 보는 위치에 따라 다양한 표정을 짓는다. 거대한 외계 생명체가 양다리를 웅크리고 있고 그 위로 추상적인 비행 물체가 막 날아오르는 모습이

✤ 팔라시오 데 콘그레소스

다. ㄷ자 구조물의 철골 상자가 공중에 떠서 대지에 발을 내리고 있고, 그 중앙에 원통의 철골 구조물이 비스듬하게 박혀 하늘로 비상했다.

광장으로 다가서면 콘크리트 구조물이 팔을 벌리며 천장으로 솟아오르고 그 위로 철골 보들이 우산살을 펼치며 하늘로 날아올랐다. 이 건물을 멀리서 바라보면 남쪽으로 날아가는 모습이지만 앞으로 다가서면 전면으로 날아오르는 착각에 빠진다. 이는 철골구조가 사람의 시선 위로 부유하면서 착시효과를 자아내기 때문이다.

공중에 떠 있는 거대한 ㄷ자 장벽은 중세 이슬람 세력을 상징하고, 비스듬히 고개를 세우고 있는 원통형 구조물은 오비에도

✤ 팔라시오 데 콘그레소스

의 비상을 암시하는 중세 기독교 세력으로 보인다. 이 건물은 중세 영광을 회복하려는 오비에도의 몸짓을 상징적으로 표현했다. 그 몸짓은 초기 왕궁이었던 산타 마리아 델 나란코 왕궁을 등 뒤에 두르고 이베리아반도의 중심으로 날아올랐다.

최근 산티아고 칼라트라바의 작품들이 시공상의 문제를 연이어 일으켰다. 팔라시오 데 콘그레소스의 캔틸레버cantilever* 철골구조 일부가 무너져 내렸고, 발렌시아의 레이나 소피아Reina Sofia 오페라관의 타일이 바람에 박리되면서 이래저래 소송에 휘말렸다. 그러나 그의 천재성만은 거부할 수 없다. 그의 작품은 조용히 웅

* 한쪽 끝은 고정되고 다른 끝은 받쳐지지 아니한 상태로 있는 보.

시하는 조각이 아니라 움직이는 형태로 꿈을 속삭이는 시정을 담아 사람들의 마음에 희망을 불어넣어주었다. 그는 현실에 안주하지 않고 끝없이 모험을 시도하는 건축가로서 21세기 이카로스Icaros로 불리고 있다.

팔라시오 데 콘그레소스

가우디의 걸작
카사 보티네스

오비에도를 떠나 레온으로 돌아왔다. 레온의 역사는 기원전 로마의 군사기지로 거슬러 오른다. 910년 오르도뇨 2세가 레온왕국을 세우면서 레온의 영광이 시작됐다. 10세기 레온에서 산티아고의 무덤으로 향하는 순례길을 개척하자 프랑스 사람들이 피레네산맥을 넘어 팜플로나, 부르고스를 거쳐 레온으로 몰려왔다. 마침내 오비에도의 시대가 저물고, 레온의 시대가 열렸다. 10세기 이슬람 세력의 알 만수르 군대에게 약탈당하는 수모를 겪었지만 12세기 알폰소 7세 치하에서 레온은 순례길의 중심 도시로서 전성기를 누렸다. 이후 국토회복운동의 중심이 남쪽으로 이동하면서 쇠퇴했다.

호기심 가득한 발걸음으로 산 마르셀로 San Marcelo 광장으로 향했다. 광장을 굽어보고 있는 카사 보티네스Casa Botines는 가우디의 초기 작품이다. 카사 보티네스 앞의 벤치에 앉아 스케치하고 있는 가우디의 청동 조각상은 허구다. 가우디는 가만히 앉아 스케치하는 건축가가 아니었다. 그는 굳은살이 박인 손으로 정과 망치를 들고 거친돌을 쪼았던 장인이었다.

당시 건축주인 페르난데스Fernandez는 가우디의 평생 후원자였던 구엘Güell의 친구였다. 가우디는 아스토르가Astorga에 주교관을 건축하면서 카사 보티네스를 동시에 지었다. 아파트 겸 사무실 용도의 지하 1층, 지상 5층 건물이었다. 고딕 양식의 첨두아치*로 된 창문과 자연색의 석회암 외벽과 천연슬레이트 지붕으로 미려하게 마감돼 있다. 눈이 많이 오는 레온 지방의 기후를 고려한 디테일이다.

이 건물에서 특이한 부분은 주 출입구의 독특한 조각 장식과 그 위에 올라탄 성 게오르기우스Saint Georgius 조각상이다. 성 게오르기우스는 무슬림과의 전쟁에서 기독교 병사들의 수호성인으로 불렸다. 이 조각상은 레온의 수호 성모인 여로의 성모상 대신 가우디가 직접 디자인한 것으로 레온 출신 조각가 칸토Canto가 조각했다. 직사각형의 화강석 틀 속에 이슬람 양식의 아치문이 박혀 있고, 아치 좌우로 두 개의 원형 창문이 설치돼 있다.

* 끝이 뾰족한 아치.

✤ 산 마르셀로 광장

✤ 카사 보티네스

카사 보티네스의 입구

주 출입구 아치 위에 거대한 용이 입을 벌리고 있고, 그 위에 올라선 성 게오르기우스가 긴 창으로 용을 찌르자 두 눈을 부릅뜬 용이 입을 크게 벌고서 금방이라 덮칠 기세다. 레온을 농락한 이슬람 군대의 알 만수르가 용이라면 성 게오르기우스는 부활한 산티아고 장군이었다.

출입문 좌우로 날이 선 스틸 장식은 보는 것만으로 섬뜩했다. X자로 교차된 철망은 정교하게 꼬여 있고 그 상부에 날카로운 철 조각이 아래·중앙·상부로 각각 침을 뻗쳤다. 장인정신이 물씬 풍기는 스틸 장식은 가우디의 건축에서만 느낄 수 있다. 아버지의 대장간에서 배운 철 다루는 기술로 가우디는 평생 철제 장식을 능숙하게 다뤘다. 그의 거친 손끝이 스틸 장식에 살아 꿈틀거렸다. 오늘날 레온의 역사가 돼버린 카사 보티네스는 1969년 스페인 역사 기념물로 지정됐으며, 지금은 카하 에스파냐Caja España 은행 소유로 1층 전시실만 감상할 수 있다.

붉은 그리스도의 궁전

레온 대성당

 카사 보티네스 오른쪽 골목길을 따라 ㄷ자 로마 성벽을 따라 걸었다. 로마 성벽에 산 이시도르San Isidoro 성당이 붙어 있다. 레온 대성당보다 더 오랜 역사를 지닌 산 이시도르 성당은 1063년 페르난도 1세가 성인들과 21명의 군주들의 유해를 모시기 위해 지었다. 10세기 프레스코fresco화* 로 장식된 이 성당을 로마네스크의 시스티나Sistina 성당이라 부르지만 정작 산 이시도르의 무덤은 레온 대성당에 안치돼 있었다. 초기 로마네스크 양식으로 수더분한 이 성당은 로마 시대 성벽을 한쪽 벽으로 두르고 대학 본관처럼 소박했다. 19세기 초 나폴레옹 군대에 의해 약탈당한 아픔을

* 새로 석회를 바른 벽에 그것이 마르기 전에 그린 그림.

✝ 산 이시도르 성당

레온 대성당

✣ 레온 대성당 스테인드글라스

간직하고 있는 성당 내부에는 정교하게 조각된 대리석 관 몇 개만 남아 있었다.

 로마 시대 성벽에 헐겁게 안겨 있는 우메도Húmedo 지역은 역사지구의 중심이다. 허물어져가는 성벽 사이로 공원과 망루와 성벽이 거미줄 골목길에 촘촘하게 얽혀 있었다. 우메도 지역의 중심에 자리한 레온 대성당으로 다가갔다. 부르고스 대성당이 경사지에 웅크리고 있는 돌의 요새라면, 레온 대성당은 평지에 서서 이슬람 군대를 온몸으로 맞선 붉은 그리스도였다.

 레온 대성당은 부르고스 대성당, 산티아고 대성당과 더불어 순례길의 3대 대성당으로 손꼽힌다. 서쪽과 남쪽에 광장을 두르고 있는 대성당은 13세기 초에 지어지고 14세기 초에 준공됐다.

15세기 말에 남쪽 탑이 증축된 대성당은 13세기 고딕 양식의 최고 걸작으로 평가받는다. 레온 대성당은 라틴십자형 평면을 세우고 그 북측에 거의 정사각형의 수도원을 세우고 남쪽에 화려한 첨탑을 세

✝ 레온 대성당 내부

웠다. 그 흔한 돔도 설치하지 않고 산티아고의 무덤이 있는 서쪽을 향하고 있었다.

레온 대성당의 정면은 좌우 종탑 사이에 박공지붕을 얹은 볼륨이 종탑과 떨어져 공중 부벽으로 연결돼 있다. 프랑스의 영향을 받아 좌우 종탑과 중앙의 회중석 볼륨을 분리해 가볍게 보이도록 처리했다. 세련된 박공지붕을 눌러쓴 주 출입구 상부의 볼륨은 둥근 장미창 아래 네 개의 아치창을 두르고 그 아래 벽면을 돌출시켜 세 개의 만곡 아치 출입구를 설치했다. 출입구 좌우로 육중한 종탑이 산티아고의 창처럼 장대하게 서 있었다.

최후의 만찬이 묘사된 현관을 지나 어슴푸레한 회중석으로 들어갔다. 짙은 어둠 속에 스테인드글라스 창문으로 삐져 들어온

차가운 듯 붉고 푸르스름한 동시에 노란 광채들이 신비스럽게 흘러 다녔다. 스테인드글라스 유리 공정은 13~14세기 최첨단의 공정이었다. 스테인드글라스를 통해 들어온 다채로운 빛은 회중석을 오묘하게 물들였다. 그 광채들은 신의 영광을 찬양하는 갖가지 조각과 장식들을 신비하게 물들이고는 여행자의 영혼까지 삼켜버렸다.

1,800m^2의 공간에 128개의 유리창은 부족한 양이라는 평을 받고 있지만 그 빛은 대성당의 역사를 간직하고 있다. 영성의 공간이 밝아야 할 이유는 없다. 스테인드글라스로 걸러진 빛은 눈이 아니라 마음으로 받아 모시는 그리스도의 피였다. 세상과 유리된 듯 성당 내부를 걸어가다 보면 처음에는 어둠의 장막 속으로 들어온 듯하지만 천천히 아침 해가 밝아오듯 주변이 하나둘 눈에 들어왔다. 금빛으로 발광하다 서서히 오묘한 빛으로 그 색의 조도를 갈아입었다. 이 놀라운 황홀감은 스페인의 다른 대성당에서는 느낄 수 없는 독특한 운치다.

엔리케 데 아르페Enrique de Arfe가 제작한 제단 위의 은납골 단지에는 레온의 수호성인 산 프로일란San Froilán의 유해가 안치돼 있고, 제단 뒤의 소성당에는 910년 레온 왕국을 건설한 오르도뇨 2세의 무덤이 놓여 있었다. 화려한 제단에도 불구하고 대성당의 실내는 온통 붉은 기운에 압도당했다. 붉은 광채 속에 오묘한 빛이 감도는 스테인드글라스를 쳐다보는 순간 10세기 이슬람 알 만수르 군대에 짓밟힌 레온의 아픔이 떠올랐다. 10세기 레온에 왕국을 건설한 것은 이슬람에 빼앗긴 국토 수복의 의지를 만천하에 외치는 것이었다. 13세기에 대성당을 웅장하게 지으면서 피의 복수를

✝ 레온 대성당 내부

담아둔 것이다. 중세 순례자들은 대성당에서 스테인드글라스로 쏟아지는 성혈을 받아 마시며 반드시 승리하겠다는 의지를 다졌다.

　노을에 타들어가는 스테인드글라스의 불길은 대성당을 온통 성혈의 바다로 물들였다. 문득 성전의 돌은 그리스도의 뼈로, 스테인드글라스는 그리스도의 피로 인지됐다. 성배 속에 빛나던 성혈을 스테인드글라스로 재현한 것이다. 대성당의 회중석은 피 흘리며 죽어가던 그리스도의 몸이었다. 그 붉은 기운은 죽음이 아니라 부활의 상징이었다. 중세 순례자들이 대성당에서 밤을 지새우는 풍습을 지킨 이유는 스테인드글라스가 뿜어내는 신성한 분위기로 그리스도의 주검을 기억하기 위함이었다.

색의 마술을 부리다
레온 현대미술관

    레온 대성당 서쪽에 21세기 현대건축의 걸작으로 알려진 현대미술관MUSAC*을 찾았다. 마드리드 건축대학 출신의 세계적인 건축가 투뇬 알바레스Tuñón Alvarez와 루이스 만시야Luis Mansilla의 작품으로 2007년 유럽 현대건축상으로 불리는 미스 판 데로에Mies van der Rohe 상을 수상했다. 이 미술관의 특징은 레온 대성당의 스테인드글라스를 현대적으로 재해석한 유리 입면에 있다. 다양한 색상으로 발광하는 유리 입면을 보고 있노라면 13세기 레온 대성당의 스테인드글라스가 21세기 다시 살아나 카드섹션을 펼치는 듯했다. 계절에 따라, 빛의 강도에 따라 유리 입면은 색의 마

* Museo de Arte Contemporáneo de Castilla y León.

✚ 레온 현대미술관

술을 부렸다.

 이 색조 유리는 레온 대성당의 스테인드글라스를 컴퓨터그래 픽으로 분석해 다채로운 색조로 재현했다. 건축가의 직관이 개입됐지만 디자인의 출발은 레온 대성당의 스테인드글라스에 기원을 두고 있다. 대성당의 스테인드글라스가 중세의 아픈 상처를 씻어버리고 미래의 빛으로 다시 태어난 것이다. 이것은 레온 대성당의 정신을 이어받는 것이며, 스페인 현대건축의 철학은 중세 건축에 있음을 천명하는 것이다.

 중세 문화를 간직한 건축의 정신을 21세기 시대정신으로 재생해 현대건축에 살려낸 것은 스페인 건축의 특징이다. 오래된 것과 새로운 것이 소통하는 건축문화를 생산하는 것이 스페인 건축의 멋이다. 대성당의 시간을 현대적으로 살려내는 것은 결코 쉬운 작업이 아니다. 역사 깊은 도시에 중세의 추억이 서린 현대 건축물이 들어설 때 도시는 더 깊고 우아한 기품으로 다시 태어났다. 현대미술관은 중세의 시간을 편곡해 지금 이 순간을 노래하며 미래로 걸어가고 있었다.

실내 공간 역시 빛의 변화에 따라 카드섹션을 벌였다. 중세와 현대를 이어주는 이 미술관은 스페인과 전 세계의 비디오아트 작품들을 전시하고 있다. 한 사람이 늙어가는 것과 한 도시가 늙어가는 것은 크게 다르지 않다. 도시의 정체성을 살려내는 것은 기억의 재생장치가 살아 움직이는 추억의 박물관을 꾸미는 것이

다. 이는 돈으로 살 수 없는 미래가치다.

　기억이 풍부한 역사적인 도시에 살아가는 사람은 분명 행복한 사람이다. 역사 깊은 도시가 들려주는 이야기들 속에 문화를 살찌우는 영감들이 번쩍이기 때문이다. 돌아오는 길에 레온 주 정부 건물이 즐비한 산 마르코스 San Marcos 광장으로 향했다. 16세기 르네상스 양식의 병원을 호텔로 개조한 레온 국영 호텔과 투논과 만시야가 설계한 콘서트홀이 마주 보고 있었다. 흰색 벽면에 사면으로 관입한 콘서트홀의 창문들이 잠망경처럼 레온 국영 호텔을 바라보고 있었다.

레온 국영 호텔

영광의 문
산티아고 데 콤포스텔라
아스토르가→사모스→산티아고 데 콤포스텔라

오브라도이로 광장에서 바라본 산티아고 대성당

레온에서 산티아고 대성당으로 이어지는 길은 습기 먹은 갈리시아 숲길이다. 아스토르가 대성당을 지나면 레온산맥이 솟아오른다. 레온산맥에 점점이 박혀 있는 작은 성당들을 지나면 웅장한 폰페라다 성이 마중한다. 폰페라다를 벗어나면 갈리시아 숲속에 사모스 수도원이 요정처럼 앉아 있다. 사모스 수도원에서 마음의 끈을 씻고 줄줄이 이어진 성당들을 지나치면 마침내 산티아고 대성당에 도착한다. 산티아고 대성당은 내 안에 잠자던 사랑을 일으켜 세워줬다.

황토 담장을 두른 판잣집
신들의 집

새벽길을 열어주었던 발다사르 부부와 산 마르틴 델 카미노 San Martin del Camino에서 헤어졌다. 산 마르틴 성당의 원형 창은 아침 햇살에 눈을 크게 뜨며 반기고, 황새에게 둥지를 내준 종탑은 파란 하늘에 입을 맞췄다. 수로를 건너자 직선로가 오스피탈 데 오르비고 Hospital de Órbigo까지 달렸다.

수로를 건너자 붉은 기와지붕 위에 종탑이 걸터앉은 오스피탈 데 오르비고가 다가왔다. 동서로 나뉜 마을을 길게 이어주는 오르비고 다리는 '명예로운 걸음의 다리'라는 뜻의 푸엔테 파소 온로소 Puente Paso Honroso로 불린다. 돈수에로 기사가 사랑의 약속을 지키기 위해 결투를 치른 이야기에서 다리의 이름이 유래했다. 당시의 사건을 설명하는 글이 다리 중간에 새겨져 있다. 20여 개의 아치 교각이 중간에서 꺾인 상태로 강줄기를 가로질렀다. 마치 두 자루의 칼끝이 다리 중간에서 서로 부딪치는 모습이다.

명예로운 걸음의 다리를 가로지르자 저만치 낮은 산들이 잔잔하게 밀려왔다. 초록의 바다, 레온 평야가 마침내 자신을 접어 산자락으로 말아 올리고 허물처럼 평야를 벗어던졌다. 처마 그림자가 깊은 산티바네스 데 발데이그레시아스Santibáñez de Valdeiglesias 성당을 밀어내고 언덕길을 오른다. 오르막길이 수없이 널뛰기를 하고 나서야 언덕마루에 올랐다. 허물어져가는 주택을 적당히 손본 낡은 레스토랑이 나타났다. 신들의 집으로 불리는 라 카사 데 로스 디오세스La Casa de Los Dioses 레스토랑이 황토 담장을 두르고 나타났다. 거의 판잣집이나 다름없는 신들의 집은 얼기설기 벽을 세우고 처마를 달아내 나무 기둥을 어설프게 세워놓았다. 나무 그늘 아래 파란 포장마차가 놓여 있고 그 옆에 구동축이 달린 커다란(순례자가 끌고 가다 세워둔) 십자가가 우두커니 서 있었다. 털보 주인장은 중정에서 여행자들과 수다를 떠느라 바빴다. 무인 가판대의 사과를 한입 베어 물자 싱그러운 향이 혀끝에 녹아내렸다.

신들의 집을 벗어나 소나무 군락 사이로 난 직선로를 걸었다. 저만치 동심원 기단 위에 산토 토리비오Santo Toribio 십자가가 곧추서 있었다. 5세기 아스토르가의 주교였던 성 토리비오가 누명을 쓰고 쫓겨 가다가 이 언덕에서 샌들의 먼지를 털면서 "아스토르

✝ 명예로운 걸음의 다리

가의 먼지는 한 톨도 가져가지 않겠다."라고 맹세했다. 아스토르가가 한눈에 굽어보이는 기단에 앉아 나도 신발을 털었다. 지긋지긋한 레온 평야의 먼지 한 톨도 가져가고 싶지 않았다. 오스트리아에서 온 숙녀가 내 카메라를 가로채 사진을 찍어주었다. 그 순간 젊은이가 구동축이 달린 십자가를 끌고서 눈 깜짝할 사이에 내리막길로 사라졌다.

가우디의 혼을 팔아먹다
아스토르가 주교관

　아스토르가는 스페인 안달루시아Andalucia 지역에서 걸어오는 순례자들이 만나는 길목이다. 한때 스페인 남부 메리다Mérida에서 출발하는 470km '은의 길Via de la Plata'이 아스토르가에서 만났다. 기원전 14년 로마 황제 옥타비아누스Octavianus가 건설한 아스투리카 아우구스타Asturica Augusta가 오늘날 아스토르가다. 13세기 재건되고 중세 여러 번 보수를 거친 로마 성벽 위로 15세기 대성당과 중세 유적들이 즐비했다.

　바로크 양식의 시청에는 두 사람이 망치로 종을 치는 전설의 시계가 걸려 있다. 시계를 만든 장인이 인색한 아스토르가 사람들이 미워서 정시만 알려주도록 만들었다고 전한다. 시청 광장을 가로질러 산타 마리아 대성당으로 걸었다. 길쭉한 광장의 끝

✟ 아스토르가 시청

에 대성당이 우뚝했다. 그 오른쪽에 아스토르가 주교관이 서 있었다. 캐러멜 색의 사암을 두른 산타 마리아 대성당이 플라테레스코 양식의 파사드$_{fasade}$를 세우고 있다. 13세기에 지어진 외벽 속에 1471년 착공해 18세기까지 건축된 대성당은 초기 로마네스크 양식에 고딕 양식의 외벽, 바로크 양식의 탑과 주두, 18세기 신고전주의 양식의 회랑이 추가됐다. 성당 내부로 들어서자 우람한 석조 기둥이 볼트 지붕을 받치고 있고, 거친 나무 바닥은 대청마루처럼 꿀렁거렸다. 16세기 스페인 르네상스 양식의 제단, 12세기 성모상과 16세기 스테인드글라스는 여행자의 시선을 압도하지 못했다.

중세 유물이 전시된 박물관을 돌아보고 곧장 로마 성벽 위의

✝ 아스토르가 주교관

아스토르가 주교관으로 향했다. 주교관이 둥근 현관을 동쪽에 세우고 첨탑을 하늘 높이 세웠다. 사각형 평면 위에 라틴십자형 평면이 올라타고서 지붕 꼭대기에 고깔모자의 첨탑과 석탑을 하늘 높이 세우고 있었다. 흡사 유럽의 어느 성을 보는 듯했다. 지붕 재료는 레온의 카사 보티네스와 유사하지만 창문틀과 벽면의 돌쌓기와 내부 공간 디테일은 모험 정신이 사라진 듯 밋밋했다. 리브볼트의 디테일에서는 가우디만의 투박한 구조미를 느낄 수 없었다. 관리자는 애써 벽에 전시된 도면을 가리키며 2층까지는 가우디의 작품이고 3층과 지붕은 아스토르가 현지 건축가 리카르도Ricardo의 작품이라고 주장했다.

아스토르가 교구 측과 끊임없이 갈등하던 가우디는 지속적으로 조수를 붙일 수도, 일을 중단할 수도 없었다. 가우디는 열정을 불사르며 주교관 건축에 4년간 매달렸지만 가우디에게는 아무런 보상도 주어지지 않았다. 더 이상 열정만으로 공사를 계속할 수 없다고 판단한 가우디는 주교에게 편지 한 통을 보냈다. 주교의 배려에 감사하지만 정당한 임금을 지불하지 않은 교구청에 그동안 쌓인 불만을 털어놓았다. 가우디를 지지해주었던 주교마저 죽자, 가우디는 도면을 불태우고 공사를 포기해버렸다. 오늘날 전시돼 있는 도면은 관청에 납품한 말 그대로 허가 도면이다. 구조와 골격에 대한 디테일 도면은 단 한 장도 남아 있지 않았다. 가우디는 평소 레오나르도 다빈치Leonardo da Vinci처럼 남들이 자신의 아이디어를 베낄까봐 상세 도면 그리는 것을 극도로 꺼렸다. 주머니 속에 꼬깃꼬깃한 도면을 슬쩍 꺼내 보이곤 했다.

 자신의 영감을 믿으며 고집스럽게 살아온 가우디는 공사 현장에서도 항상 자신이 먼저 솔선수범해 어려운 부분을 시공하고 나서 인부들에게 그대로 하도록 지시했다. 시공된 작품이 조금이라도 마음에 들지 않으면 망설이지 않고 허물어버렸다. 이러한 장인의 자세와 행동은 양심의 발로다. 스스로 만족하지 못하는 작품을 남에게 판다는 것은 자신을 속이는 일이다. 가우디는 자신이 고집불통이라는 것을 잘 알고 있었다. "평생 제 성질을 잠재우려고 노력했습니다. 어떨 때는 성공했지만, 또 어떨 땐 성질이 나를 압도하기도 했었지요."라고 고백할 정도였다.

✢ 아스토르가 거리와 산타 마리아 대성당

허가 도면으로 교구 측의 말을 잘 듣는 지역 건축가가 지은 건물을 오늘날 가우디의 건축이라 선전하고 있다. 아스토르가 주교관은 무심한 세월을 핑계 삼아 가우디의 혼을 팔아먹고 있었다. 건축가의 이름을 '가우디+리카르도'로 표기해야 옳다. 가우디는 지극히 단순한 도면을 그리고 상세 모델을 만들어가며 구조와 디테일을 끊임없이 수정하며 건축했다. 그는 성당 공사를 할 때마다 종종 "신부님은 미사를 주재하시고 저는 공사를 하겠습니다."라고 말할 정도로 고집이 셌다.

포기하는 심정으로 지하층으로 내려갔다. 순간 지하 벽돌아치 구조에서 알 수 없는 기운이 풍겨 나왔다. 바르셀로나 구엘 궁전의 지하 구조에서 느끼는 경외감이었다. 지하 벽돌 기둥이 천장으로 오르면서 벽돌 한 장 한 장이 돌출해 곡선을 그렸다. 날것의 공간이 발산하는 생동감이었다. 다리 짧은 화강석 기둥이 우산살을 펼치는 벽돌아치는 지하 공간을 단숨에 영성의 숲으로 덮어버렸다. 지하 중심에 천장의 중심을 세우고 곡선을 그리는 아치가 물결치며 기둥으로 내려앉았다. 그 아래 서는 순간 마음은 두 손을 모으고 기도하기 시작했다.

천재만이 창조할 수 있는 독창적인 공간에 넋을 놓아버렸다. 평범한 살리에리Salieri가 비범한 모차르트Mozart를 부러워하다 절망하고 마는 마음이었다. 거칠지만 진솔하고, 진솔하지만 담백한 구조미는 원시적인 촉감 그대로 신비한 에너지를 뿜어냈다.

가우디만의 길들여지지 않는 투박한 근성이 빚어낸 지하 공간은 원작에서만 느껴지는 아우라가 풍겨 나왔다.

  가우디 건축을 오늘날 양식론으로 설명하는 것은 의미가 없다. 그의 건축은 사람의 뼈와 관절과 근육처럼 정확한 디테일로 이루어져 있다. 손끝으로 직접 돌을 쪼는 장인이 아니고서는 만들어낼 수 없는 디테일이다. 벽돌 한 장 한 장이 허투루 쌓여 있지 않고, 벽돌 한 장 한 장마다 모두 가우디만의 언어로 메시지를 새겼다. 가우디 건축을 복잡한 언어로 설명하는 사람은 가우디를 잘 모르거나 가우디를 이론적으로만 이해하는 사람이다.

12세기 어머니의 품
성모승천 성당

아스토르가에서 폰세바돈Foncebadón에 이르는 길은 황무지였다. 이 지방을 흔히 마라가테리아Maragateria 지역이라 부른다. 이곳에 중세 '은의 길'을 따라 걸어온 스페인 남부 이슬람 무역상의 후예들이 살았기 때문이다. 스페인 남부 안달루시아 지방을 연상시키는 황톳빛 들판을 보고서 니코스 카잔차키스는 『스페인 기행』에 이렇게 적었다. "전 국토가 붉은 전선처럼 뻗쳐 있는 스페인. 굵은 핏방울, 쓰라린 생각들, 순간의 강렬한 즐거움들, 웃음, 눈물."

능선을 따라 산타 카탈리나 데 소모사Santa Catalina de Somoza로 걸었다. 오솔길을 따라 낮은 돌담이 구불거리며 달려가다 산타 마리아 교구 성당의 벽을 타고 문어대가리 모양의 종탑으로 날아올랐

✝ 산타 카탈리나 데 소모사

다. 키 작은 떡갈나무와 목장으로 둘러싸인 소모사는 라틴어로 산 밑이라는 뜻의 이라고Irago 산자락에 누워 거친 황무지를 굽어보고 있었다.

산등성이의 풍력 발전기 프로펠러가 게으르게 돌아가고, 지평선 위로 엘 간소El Ganso가 천천히 고개를 내밀었다. 스페인어로 간소는 거위, 게으른 남자라는 뜻이다. 알록달록 카우보이 간판을 누더기처럼 쓰고 있는 레스토랑으로 들어갔다. 실내가 온통 산악 장비로 장식돼 있는 레스토랑에서 산바람이 녹아든 커피를 마시고, 값싼 생선을 넣어 만든 갈리시아 전통 빵인 엠파나다 데 보니토Empanada de bonito 한 조각을 삼켰다. 중세 가난한 순례자들이 먹었던 엠파나다의 맛은 담백했다.

철조망에 벌떼처럼 걸려 있는 나무 십자가들이 라바날 델 카미노Rabanal del Camino로 이끌었다. 포석으로 잘 마감된 언덕길에 오르자 12세기 성모승천 성당Iglesia de la Asunción이 타원형 제단 벽을 엉덩이처럼 내밀고서 돌아앉아 로마네스크 양식의 종탑을 하늘

✟ 라바날 데 카미노 성모승천 성당

  높이 세우고 있었다. 성당 남측 광장에 면한 아치 출입문으로 들어갔다. 순간 칠이 다 벗겨지고 속살이 너덜거리는 볼트 천장 아래 성소가 로마의 카타콤 같았다. 소박한 곡면 천장 아래 12세기 창문에서 삐져나온 빛줄기가 그림자 속의 먼지들을 만나 혈소판처럼 파르르 떨었다.

  고딕 대성당의 열주 회랑에서는 결코 느낄 수 없는 소박하고 작은 스케일에 그만 가슴이 무너지고 말았다. 나만의 초라한 침대에 누웠을 때의 찾아오는 안식의 평화로움이었다. 제단 뒤의 둥근 벽체 속에 뚫린 창으로 송곳 같은 빛이 스며들고, 그 아래 좌우로 박힌 두 개의 수직 창으로 칼 같은 빛이 삐져들었다. 세 가지 모양의 빛은 어두운 공간에서 성부와 성자와 성령처럼 하나가 되어 연기처럼 떨리더니 여린 빛으로 허물어졌다. 소박하고 작은 공간에 몸과 정신이 무릎을 꿇었다. 먼 길 돌아온 아들이 어머니 가슴에 얼굴을 묻고서 지난 상처를 위로받는 느낌이었다. 세월에 부스러진 영혼이 12세기 신의 품에 안겼다.

바람의 향기

만하린 산장

이른 아침 거친 자갈돌이 빗길에 날을 세우고서 해발 1,430m 폰세바돈의 길목을 지키고 있었다. 레온 왕국의 라미로 2세가 10세기에 회의를 한 곳, 11세기 또는 12세기 은둔 수도자 가우셸모Gaucelmo가 순례자 병원을 세웠다고 전하는 중세의 영광은 사라지고 허물어져 가는 산골 마을로 남아 있었다.

폰세바돈을 지나 노란색과 분홍색 들꽃들이 고개를 내미는 숲길을 걸어간다. 숲길이 허리를 돌리는 순간 회색 봉분이 봉긋 솟아오르고 그 위로 5m 높이의 떡갈나무 기둥이 해발 1,500m 산꼭대기의 안개구름을 찔렀다. 사람들이 다닥다닥 붙어 개미처럼 꼬물거리는 기둥의 꼭대기에 철 십자가가 햇살에 반짝거렸다.

철 십자가가 서 있는 자리는 선사 시대부터 영적인 장소, 제누

✞ 철 십자가

이스 로시Genuis Loci였다. 로마 시대 이 고개를 넘어가던 여행자들은 이곳에 제단을 마련하고서 자칼을 제물로 바쳤다. 은둔 수도자 가우셀모가 이곳에 십자가를 세우면서 중세 순례자들이 고향에서 가져온 돌을 봉헌하기 시작했다. 이곳 기단에 돌을 하나 던지면 걱정거리 하나를 돌과 함께 던져버리는 것이라 믿었다. 오늘날 여행자들의 반은 기단에 돌을 올려놓고 반은 고향에서 가져온 사진, 쪽지, 기념물을 기둥 허리에 매달았다. 빨강·파랑·노랑 깃발들이 티베트의 만장처럼 바람에 펄럭거렸다. 주머니에 넣어둔 돌멩이 하나를 기단에 올려놓았다.

만하린Manjarin으로 내려가는 오솔길에 봄바람이 윤기를 실어

✚ 만하린 산장

날랐다. 산봉우리마다 운무를 벗어던지고, 꽃보자기를 펼치고 있었다. 숨이 멎을 정도의 신비로움, 말문이 막힐 정도의 경이로움이었다. 거친 자연석이 돌산을 끼고 날을 세웠다. 고개를 내려서자 하얀 바탕에 검은 글자로 쓰인 만하린이라는 간판이 마중했다. 낡은 자동차 뒤로 주택 굴뚝에서는 하얀 연기가 피어오르고, 길모퉁이에는 중세 돌무더기들이 이리저리 나뒹굴었다.

신작로가 오른쪽으로 곡선을 그리며 미끄럼을 탔다. 내리막길이 왼쪽으로 휘어지는 길모퉁이에 울긋불긋 깃발들이 펄럭거렸다. 허물어지던 집을 적당히 보수한 만하린 산장이다. 좁은 통로를 비집고 들어서자 왼쪽 틈새에서 연기가 피어오르고, 어디선가 성가가 흘러나왔다. 안쪽으로 한 발 들이밀자 간이 천막으로 얼기설기 덮어놓은 찻집엔 사람들로 발 디딜 틈이 없었다. 벽에 기댄 허술한 나무 가판대 위에는 뜨거운 물 주전자와 인스턴트 봉지 커피가 가지런했다.

십자가 문장이 선명한 중세 기사 복장의 주인장은 입구에 서서 여행자들을 마중하느라 바쁘다. 우유가 듬뿍 들어간 뜨거운 커피로 목을 축이자 산바람이 가슴으로 흘러내렸다. 안쪽에 또 다른 주인장이 수제 십자가와 장식품을 팔고 있었다. 만하린 산 꼭대기를 지키는 두 남자에게서 바람의 향기가 났다. 철 십자가가 신을 영접했던 소망의 지팡이라면 만하린의 두 남자는 바람을 타고 달리는 돈키호테였다. 하얀 수첩을 내밀자 주인장의 투박한 손이 환영한다는 글귀를 휘갈기고는 그 아래 자신의 신념인양 스탬프를 꾹 눌러 찍었다. 만하린의 털보 아저씨, 그는 만남과 이별로 숨 쉬는 바람의 돈키호테였다.

동심의 바퀴를 굴리다
몰리나세카 다리

엘 아세보_{El Acebo}로 이어지는 계곡마다 운무가 솜사탕을 말아 올리고 있었다. 소들이 물을 마시는 물통들이 능선에 걸터앉아 파란 하늘을 비췄다. 지그재그 내리막길을 내려서자 엘 아세보의 진회색 지붕들이 산비탈에 둥둥 떠 있었다.

2층 발코니를 예쁜 화분으로 장식한 순례자의 집, 라 카사 델 페레그리노_{La Casa del Peregrino}으로 들어갔다. 주인장이 산딸기가 굴러다니는 작은 쟁반을 건넸다. 산딸기의 옹골찬 단맛에 레온산맥의 산바람이 묻어 있었다. 황갈색의 잡석으로 쌓아올린 벽체 위에 차콜색 석판 지붕을 눌러쓰고 있는 엘 아세보는 하늘 아래 첫 마을이다. 바람이 처마를 흔드는 이 마을의 사람들은 폰세바돈과 마찬가지로 중세 몇 백 년 동안 세금과 징집을 면제받는 대신 매년 눈길 속에 말뚝 800개를 박았다.

낡은 창고가 딸린 농가주택을 밀어내고 리에고 데 암브로스 Riego de Ambrós에 안겼다. 마을 중앙에 산 세바스티안 San Sebastián 소성당이 박공지붕을 눌러쓰고 키 낮은 고깔 종탑을 세우고 있었다. 중세부터 켈트인들이 이주해 살았다고 전하는 이 마을에는 아름다운 발코니가 길을 따라 줄지어 있었다.

구불구불 능선을 따라 내리막길을 내려서자 몰리나세카 Molinaseca가 메루엘로 Meruelo강에 기대 있었다. 마을 입구 산비탈에 안구스티아스 Angustias 성모 소성당이 절벽에 기대 넙죽 절했다. 이 성당의 문은 특이하게도 금속 덮개로 덮여 있는데, 이는 18세기 이래로 레온산맥을 넘어온 순례자들이 이 성당의 나무문에 돌을 던지면 행운이 따른다고 믿었기 때문이다. 신 앞에 투정을 부리고 싶은 인간의 돌팔매를 나무문이 묵묵히 받아준 것이다. 철문에 작게 뚫린 철망 사이로 정갈한 제단이 어둠에 떨고 있었다.

강 건너 언덕에는 신고전주의 양식의 산 니콜라스 성당이 앉아 있고, 메루엘로강 위에는 세상에서 가장 평화로운 자태로 로마 시대 몰리나세카 다리가 걸려 있었다. 파란 강물에 비친 아치가 동심원을 굴렸다. 산길에 거칠어진 마음이 동심의 바퀴를 굴리며 달렸다.

✠ 메루엘로강과 산 니콜라스 성당

✠ 몰리나세카 다리

중세 기사가 말 타고 달려 나오다

템플기사단의 성

캄포Campo 삼거리를 지나 석조 다리로 보에사Boeza강을 가로질 렀다. 철로 만든 다리라는 뜻의 폰페라다Ponferrada가 언덕 위에 올라타고 있었다. 철로 아래 아치 터널을 지나 언덕길에 올랐다. 산 안드레스San Andrés 성당의 무심한 벽을 따라 걸어가자 13세기 템플기사단의 성Castillo de los Templarios이 성큼 다가왔다. 그 옛날 템플기사단이 말을 타고 올랐을 주 출입구에는 중세 기사가 금방이라도 백마를 타고 달려 나올 기세다.

11세기 말에 아스토르가의 주교가 실Sil강과 보에사강에 다리를 건설하자, 페르난도 2세는 템플기사단에게 이 도시를 맡겼다. 템플기사단은 프랑스 길에서 가장 잘 알려진 기사단이었다. 중세 이슬람과의 전쟁에서 목숨을 바치기로 서약한 수도사들의 종

✟ 산 안드레스 성당

교 단체였다. 그들의 본부가 예루살렘의 솔로몬Solomon 왕의 신전이 있었던 곳에 세워졌기에 템플기사단으로 불렸다. 12세기 후반부터 이베리아반도에서 병력과 재산, 군사 조직을 키우기 시작한 템플기사단은 마침내 폰페라다 성을 지배했다. 1340년 알폰소 11세가 레모스Lemos 백작에게 하사했으나 1486년 레온 왕국에 귀속됐다.

16,000㎡에 달하는 템플기사단의 요새는 부드러운 곡면의 성벽을 두르고 실강 위의 절벽에 걸터앉아 있었다. 단단한 총안과 방어용 망루, 맹세의 탑들을 세우고서 실강을 굽어보고 있지만 성벽 내부로 들어가면 허물어진 성터만 휑하니 남아 있었다. 폰페라다 성에서 내려다본 실강의 도시는 개미 한 마리까지 눈에

✟ 템플기사단의 성

밟혔다. 중세 기사들은 세 겹의 성벽을 지날 때마다 세 번의 맹세를 했다. 거대한 성벽의 주름을 잡고 있는 열두 개의 탑은 열두제자를 상징했다.

해자 앞으로 중세의 문장을 달고 있는 라디오 박물관Museo de La Radio Luis del Olmo을 지나 시청으로 향하는 길에 엔시나 성모 성당Basílica Nuestra Señora de la Encina이 바로크 양식의 종탑을 우뚝 세우고 있다. 밤에 더 운치가 있는 이 종탑은 석탑처럼 팔각 정다면체 위에 돔이 올라타고 있었다. 다리로 내려와 폰페라다 성을 바라봤

✜ 템플기사단의 성

다. 절벽 위의 템플기사단의 성이 녹색 담쟁이를 두르고 우뚝했다. 가을이면 폰페라다 성은 붉은 단풍으로 불타고 있을 것이다.

왕비의 슬픈 눈
카라세도 수도원

캄포나라야Camponaraya를 지나자 포도밭이 광활하게 펼쳐졌다. 무심한 길이 수없이 출렁거리고 나서야 와인색의 기둥이 포도덩굴처럼 이리저리 꼬여 있는 양조장이 다가왔다. 양조장 앞으로 까만 지붕을 다닥다닥 눌러쓴 카카벨로스Cacabelos가 버드나무 숲에 앉아 있었다.

타원형의 중세도시 카카벨로스를 반으로 가르며 걸었다. 키 낮은 산 로케San Roque 소성당이 다양한 크기의 호박돌로 벽을 장식하고 나타났다. 사각형 평면 위에 짧은 처마를 두른 박공지붕 위로 긴 아치 종탑을 세우고 꼬마 스핑크스처럼 앉아 있었다. 성당의 전면과 측면에 여행자들이 쉬어갈 수 있게 단을 설치해놓았다.

✦ 산타 마리아 데 카라세도 수도원

발코니에 꽃바구니가 예쁘게 걸려 있는 길을 따라 쿠아Cúa강을 가로질렀다. 다리를 건너자 길가에 18세기 포도주 압축기가 디딜방아처럼 길게 놓여 있었다. 이 마을 사람들이 포도덩굴을 통째로 발효시켜 만든 포도주인 오루호Orujo를 처음으로 만들어 마시며 타로 카드를 처음 시작했다. 이 마을 남쪽 3km 쿠아강가에 왕비의 슬픈 사연을 간직한 산타 마리아 데 카라세도Santa María de Carracedo 수도원 유적지가 남아 있다.

오른 발목의 통증이 심해 킨타 안구스티아Quinta Angustia 성당의 담장에 설치된 말발굽 모양의 알베르게에 주저 앉았다. 토지의 작가 박경리 선생이 만주를 가보지 않고 지도를 펼쳐놓고 만주를 상세하게 묘사했듯이 구글 맵스를 수십 번 살펴가며 카라세

✤ 산타 마리아 데 카라세도 수도원 입구 전경

도 수도원 유적지의 구조와 사진을 살펴보다 아쉬운 마음에 그곳을 그리고 적었다.

산타 마리아 데 카라세도 수도원은 알폰소 9세가 정치적 이유로 결혼이 무산된 포르투갈 왕국의 공주 테레사Theresa와 그 사이에 태어난 두 딸을 위해 지은 수도원이다. 신고전주의 양식의 수도원 뒤에서 지붕은 사라지고 허물어진 벽이 허공을 바라보고 서 있었다. 그 벽의 상부에 레이스가 여러 겹 장식된 원형 창이 걸려 있었다. 희끗희끗 탈색되고 허물어진 벽의 원형 창에 그만 마음에 꽂혔다. 그 원형 창의 디테일에 슬픔에 젖은 왕비의 눈망울이 그대로 박혀 있었다.

건축에서 창문은 세상으로 열린 눈이다. 이 수도원을 지은 건

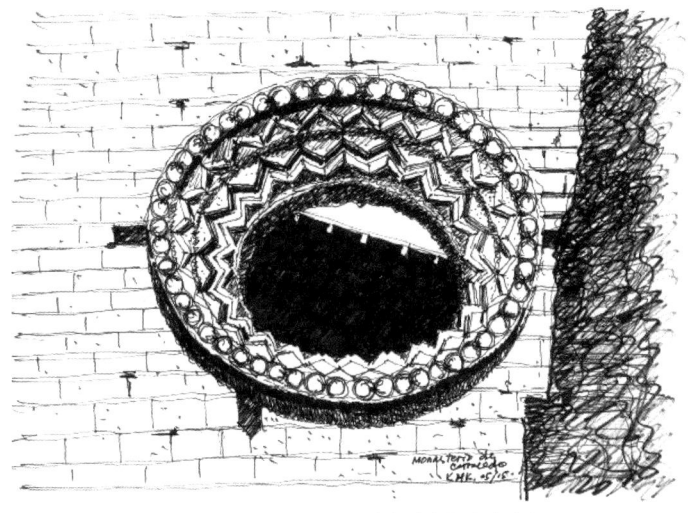
† 산타 마리아 데 카라세도 수도원의 원형 창문

축가가 왕비의 슬픈 눈을 상징적으로 표현하기 위해서 창문의 디테일을 조각했는지는 알 수 없다. 결혼이 무산된 왕비와 딸의 아픔을 미리 짐작하고 수도원을 지었다면 아마 건축가는 그 슬픔을 창문에 담았을 수도 있다.

    건축가가 상징적인 건물을 지을 때 중요하게 생각하는 것은 그 건물에서 살아갈 사람의 이미지를 디자인 개념으로 삼는 것이다. 건축가와 장인은 아무 이유 없이 창문의 디테일을 기하학적으로 접고 또 접어가며 세공 장식으로 정성스럽게 조각하지 않는다. 폐허로 남아 있는 산타 마리아 데 카라세도 수도원의 원형 창문보다 더 아련하게 슬픈 사랑을 새길 수는 없을 것이다.

세상의 모서리를 지키다
비야프랑카 델 비에르소

　녹색 들판을 가로질러 비야프랑카 델 비에르소Villafranca del Bierzo에 당도했다. 계곡 아래 알베르게 마당에는 여행자들이 어슬렁거리며 출발 준비를 서두르고, 맞은편 절벽 위에는 15세기 고딕 양식의 산 프란시스코 성당이 17세기에 만들어진 두 개의 종탑을 곧추세우고 서 있었다.
　마을에 들어서자 길 왼쪽으로 산티아고 성당이 엉덩이를 들이밀고 마을로 향해 앉아 있었다. 로마네스크 양식과 고딕 양식이 절충돼 있는 산티아고 성당이 길과 마주하는 벽에 4중 만곡 아치를 깊게 새기고 그 속에 검게 탈색된 용서의 문을 박아놓았다. 이 문은 13세기에 제작한 것으로 25년마다 열린다.
　나무 골조가 훤히 드러난 이 지방 전통 가옥들을 지나자 단

✝ 비야프랑카 델 비에르소 전경

✝ 비야프랑카 델 비에르소 산티아고 성당

단한 돌벽을 두른 건물이 가로막았다. 사각 모서리마다 원형 망루를 쌓아올린 요새였다. 마르케스 후작의 궁전Castillo Palacio de los Marqueses으로 불리는 이 건물은 16세기 초 돌과 벽돌로 지어진 개인 저택이지만 그 위용은 궁전과 맞먹는다. 내리막길을 통해 마요르 광장으로 미끄러졌다. 마요르 광장에 서니 오른쪽엔 마르케스 궁전이 칼처럼, 왼쪽엔 산 프란시스코 성당이 성경처럼 바투 서 있었다. 도시의 언덕마루에 왕궁과 대성당이 마주 보고 서서 도시를 지배하는 것이 스페인 중세도시의 전형이었다.

가벼운 발걸음으로 루이텔란Ruitelán을 가로지른다. 어제까지 시큰거리던 오른 발목의 통증이 거짓말처럼 나았다. 파란 하늘이 12세기 로마네스크 양식의 산 프로일란 소성당으로 내려앉았다. 루이텔란은 프로일란 성인이 동굴 위에 작은 성당을 짓고 기도와 명상으로 여생을 보낸 곳으로 알려져 유명해졌다.

길을 따라 노랑·파랑의 가리비 간판과 하얀 벽의 주택을 앞세우고 라스 에레리아스Las Herrerías로 걸었다. 스페인어로 대장간이라는 뜻의 에레리아스는 중세 이곳이 대장간 마을이었음을 짐작케 한다. 시간을 지워버리고 시선마저 소거해버린 가파른 숲길이 산비탈을 타고 오른다. 솔바람이 아침 향기를 실어 나르는 낙엽길이 920m 세상의 모퉁이, 라 파바La Faba에서 멈췄다. 길모퉁이 팻말을 따라 샛길로 걸어가자 발아래 능선이 펼쳐지고 소떼들은 한가로이 풀을 뜯고 있었다.

마르케스 후작의 궁전

라 파바 산 안드레스 성당

50여 미터 거리의 숲속에 산 안드레스 성당이 판상의 종탑을 세우고 있었다. 짙은 회색 돌들을 빈틈하나 없이 촘촘하게 쌓아 올린 18세기 작은 성당이 박공지붕을 눌러쓰고 세상의 모서리를 지키고 있었다. 순례자 청동 조각상을 지나 낮은 처마 아래 짙은 그림자 속의 출입구로 들어갔다. 거친 벽이 박공지붕을 눌러쓰고 있는 제단은 촛불에 은빛으로 반짝거리고, 성가가 잔잔하게 흘러나왔다. 설명할 수 없는 신비스러움에 몸과 마음이 젖었다.

　신의 품을 빠져나와 알베르게 마당을 가로질렀다. 스위스에서 온 숙녀가 돌담에 걸터앉아 미소 지었다. 그녀 옆에 나란히 앉아 계곡을 굽어봤다. 운무가 파란 능선 위에 솜사탕처럼 걸려 있었다. 마음도 안개구름을 타고 흘렀다. 돌집 아래 나무로 얼기설기 엮은 천막 속 형형색색의 장식품들이 고개를 내밀고, 거친 벽에 매달린 표주박들이 아침 햇살을 기웃거렸다. 여기저기 농기구가 아무렇게 놓여 있는 길가에 검은 돌조각들이 담장을 따라 흐르다 산장의 벽을 따라 올라타고는 곧바로 지붕을 눌러썼다. 라 파바의 아침이 세상의 모서리에서 기지개를 켜고 일어나고 있었다.

쟁반 위의 찻잔
산타 마리아 라 레알 성당

라 파바를 벗어나자 산은 높아지고 계곡은 점점 더욱 깊어졌다. 초라한 말은 녹아버리고, 부족한 글은 얼어버리고, 놀란 가슴만 벌렁거렸다. 계곡에는 운무가 호수를 이룰 듯 넘쳐흘렀다. 일년 내내 물안개가 산봉우리를 적시는 갈리시아 지붕 위로 생각과 몸이 하나 되어 걸었다. 가파른 오르막길이 11㎞나 날아올랐다. 노란 꽃들이 능선을 따라 하늘과 입을 맞췄다. 낡은 주택들의 돌담을 끼고 고갯마루에 오르자 오 세브레이로O Cebreito가 나타났다. 석축 위로 산타 마리아 아 레알Santa María A Real 성당이 쟁반 위의 찻잔처럼 올라타고 있었다.

오 세브레이로는 파울로 코엘료가 걸음을 멈추었던 곳, 그가 더 이상 걷지 못하고 버스를 타고 산티아고 대성당으로 이동한

✝ 산타 마리아 아 레알 성당

✝ 중세 오두막 박물관

곳이다. 오 세브레이로의 상징은 산타 마리아 아 레알 성당과 중세 오두막 박물관이다. 로마 시대 이전부터 존재했던 이 마을은 울창한 숲과 시원한 개울이 흐르는 오스 안카레스Os Ancares 산맥의 이마에 올라타고 있다. 이곳 신부님이 성체를 하늘에 바치니 고깃덩어리로 변했고 성배를 하늘에 바치니 피로 변했다는 전설이 전해 내려온다.

석축 속에 성당이 투박하게 앉아 있었다. 스페인 초기 아스투리아스 왕국의 양식이 남아 있는 로마 시대 건축물의 기초를 1962년 발견해 그 위에 1971년 다시 지은 성당이다. 외로운 돌의 성당이 산봉우리에 웅크리고 있었다. 작고 투박한 로마네스크 양식의 제단에는 십자가 하나만 걸려 있었다. 성당 앞에 돈 엘리아스 발리냐 삼페드로Don Elías Valiña Sampedro의 흉상이 서 있었다. 이곳 성당의 신부였던 그가 순례길을 체계적으로 연구하고 노란 가리비 화살표를 처음 만들었다.

성당 남쪽에 갈리시아 지방 전통 주거인 파요사palloza가 원추형 지붕을 눌러쓰고 앉아 있었다. 박물관으로 전시된 파요사는 스페인 민속 건축물 중 가장 오래된 구조물로 불린다. 켈트인들이 지은 것으로 추정하는 파요사는 지름 10m에 이르는 타원형으로 쌓아올린 석벽 중앙에 쿠미오cumio라고 부르는 나무 기둥을 세우고 그 위에 서까래를 우산살처럼 가지런하게 걸치고 그 위에 밀짚으로 덮었다. 원추형 지붕 아래 실내 공간을 2층 구조로 구획

✞ 오 세브레이도 가리비 표지석

하고 아래층에는 가축이, 2층에는 사람이 살았다. 티베트의 산간 마을 주택처럼 혹한의 날씨에 사람과 가축이 함께 살았다. 허리를 굽히고 어두운 1층으로 들어서자 아기 예수가 태어난 말구유가 떠올랐다.

시간의 그릇으로 빛을 품다
사모스 수도원

 지난밤 폰프리아$_{\text{Fonfría}}$의 알베르게 아 로볼레이라$_{\text{Albergue A Roboleira}}$의 남쪽에 파요사를 현대식으로 지은 별체에서 저녁을 먹었다. 원형 평면의 중앙에 목재 기둥인 쿠미오를 세우고 그 위에 서까래를 둥근 벽 위에 가지런히 걸쳐놓았다. 서까래를 따라 원을 그리는 석축에 점점이 뚫린 창문으로 노을이 사선으로 들어와 식탁 위에 모로 드러누웠다. 사람과 동물이 공존했던 전통 주거 공간을 말끔히 비워낸 실내 공간은 거대한 우산 지붕을 눌러쓴 곡마단의 천막 속에 들어 있는 느낌이었다.
 세 개의 성이라는 뜻의 트리아카스텔라$_{\text{Triacastela}}$로 파고들었다. 중세 사기꾼들로 들끓었던 번성한 마을이었다. 건축 년도를 알 수 없는 로마니카 데 산티아고$_{\text{Romanica de Santiago}}$ 성당을 뒤로 하고

트리아카스텔라를 가로질렀다. T자로 끝나는 삼거리의 표지석에 산티아고 129.5km라고 쓰여 있고, 그 아래 좌측 화살표는 사모스, 오른쪽 화살표는 산 실San Xil을 가리켰다. 한 치의 망설임 없이 사모스로 향했다.

나무 발코니가 자연석 돌담에 기대 있는 작은 마을을 빠져나오니 개울이 자장가를 불렀다. 떡갈나무 숲이 아치를 그리던 길이 트이자 작은 마을 렌체Renche가 불쑥 다가왔다. 여기저기 구멍이 숭숭 뚫린 담장으로 중세의 시간이 가는 숨을 쉬고 있었다. 아치 대문 뒤로 하얀 칠이 다 벗겨진 산티아고 성당이 두꺼운 종탑을 세우고 굽어봤다. 물소리와 새소리만이 숲의 정적을 가르는 작은 마을을 내려서는 순간 뻥 뚫린 숲 사이로 사모스 수도원이 계곡에 똬리를 틀고 앉아 있었다. 산 훌리안 수도원Monasterio de San Julian으로 불리는 사모스 수도원은 그 순간 고독한 세월을 견뎌낸 침묵의 섬이었다.

수도원 담장을 끼고 걸어가니 삼각형의 정원이 팔을 벌리고 다가왔다. 검은 치맛자락을 날리며 수도사가 걸어왔다. "부엔 카미노!"라고 인사하자 굽은 허리춤에서 긴 손가락을 꺼내더니 허리를 돌려 검은 대문을 가리켰다. 굳게 닫힌 대문 옆 작은 선물가게에는 한 시간마다 수도원 방문을 기다리는 사람들로 발 디딜 틈이 없었다. 사모스 수도원은 스페인 수도원 건축의 백미로 손꼽힌다. 이곳 수도사들이 부르는 그레고리안 성가는 산토 도

사모스 수도원

✝ 사모스 수도원

사모스 수도원 회랑

밍고 데 실로스 수도원만큼이나 앙상블이 매혹적이다. 수도원 문이 뿌지직 소리를 지르며 입을 벌리자, 중정 가득 빛이 넘실거렸다.

벽에 기대어 배낭을 벗어놓고 로렌소 수도사를 중심으로 둘러섰다. 그의 설명에 따르면 이 수도원은 7세기 서고트 시대로 거슬러 오르지만, 오늘날 수도원은 16세기에 건축됐으며, 20세기 중엽 스페인내란으로 거의 폐허가 된 것을 다시 복원했다. 스페인의 중세 수도원은 학문과 정치, 경제의 중심이었다. 르네상스 이후 프랑스혁명으로 전 유럽이 산업사회로 변화할 때조차 스페인은 가톨릭 신앙에 빠져 근대화를 외면했다. 시민계급과 귀족 계급 간의 투쟁으로 발전한 스페인내란에서 당시 기득권의 온상이자 프랑코를 지원했던 사모스 수도원은 처참하게 파괴됐다.

수도원 건축의 핵심은 하늘로 열린 중정이다. 회랑은 하느님의 현존을 사유하는 묵상의 공간이다. 54×54m 중정의 중심에 베니토 헤로니모 페이호Benito Jerónimo Feijóo 신부의 조각상이 기단 위에 서 있었다. 18세기 최고의 학자였던 그의 저작료로 이 수도원을 재건했다.

백색의 리브볼트로 마감된 회랑을 걷고 있는 로렌소 수도사의 까만 치맛자락은 빛을 갈구하는 믿음의 빗자루였다. 회랑을 사이에 두고 남쪽에 앉은 작은 중정으로 들어갔다. 사방 약 30×30m 크기의 은밀한 중정 한가운데에 16세기 네레이다스Nereidas

사모스 수도원

사모스 수도원의 로렌스 수도사

분수가 자리하고 있었다. 분수 위로 미려한 가슴을 가진 인어 조각상 네 개가 수반을 받치고 있었다. 베네딕토 신부가 어느 날 인어를 닮은 조각상이 수도사들의 성심을 흐리게 한다고 여겨 옮기려 했으나 옮길 수 없어서 지금의 자리에 두었다고 전한다.

2층으로 오르니 중정에 면한 회랑 벽에 성 베네딕트Benedict 신부의 삶을 묘사한 그림들이 벽을 따라 진열돼 있었다. 복도 끝에 매달린 18세기 수도원 성당으로 들어서자 팔각형 궁륭이 눈길을 사로잡았다. 궁륭 아래 서는 순간 빛의 폭포가 쏟아져 내렸다. 천장에서 뻗어 내려오는 바로크 장식의 화려함은 감실의 세공 장식에서 절정으로 치달았다. 반짝거리는 보석함은 천국에서 내려오는 은총이었다. 그럼에도 마음은 자연의 빛으로 충만한 수도원 중정으로 끌렸다.

혼자 1층으로 내려와 수도원 중정 한가운데에 서서 팔을 벌린 채로 빙글빙글 돌았다. 신고전주의 양식의 회랑이 춤을 추며 돌아갔다. 파란 하늘이 가슴으로 스며들었다. 수도원의 중정이 은밀하고 신성한 이유는 이곳만이 하늘과 소통하기 때문이다. 수도사의 까만 치맛자락이 되어 회랑을 나직이 쓸며 걸었다.

인간이 만든 종교 건물 중에서 수도원 중정보다 더 내면을 비추는 공간을 보지 못했다. 성모 마리아가 아기 예수를 품듯이 시간의 그릇으로 빛을 품었기 때문이다. 우리의 삶은 수도원의 복도처럼 빛과 어둠 사이로 걸어가는 일상의 연속이다. 삶은 언제

나 풍만한 인어가 지키고 있는 작은 중정의 유혹과 장미 가득한 큰 중정의 교훈 사이에서 비틀거렸다. 아침이면 어김없이 햇살이 회랑에 숨어 있던 어둠을 쫓아내지만 어둠은 결코 사라지지 않고 회랑 끝에 매달려 밤을 기다렸다.

중정을 빠져나와 수도원 동북쪽 사리아_{Sarria} 강으로 걸어갔다. 경사지에 살바도르 소성당이 강을 바라보며 앉아 있었다. 박공 지붕을 눌러쓴 10세기 모사라베 양식의 소성당이 옆구리에 천년을 살아남은 노송, 시프레스_{ciprés, 삼나무}를 지팡이처럼 세우고 있었다. 갈리시아 지방에서 가장 나이 많은 노송은 전신주처럼 허리를 곧추 세우고 하늘을 찔렀다.

퇴락한 중정과 회랑
막달레나 수도원

이른 아침 사모스 수도원이 작은 창문으로 붉은 빛을 뿜어내고 있었다. 수도원을 뒤로하고 길을 나섰다. 안개 숲길에 하늘만 열려도 행복하고, 축사만 나타나도 반가웠다. 능선을 굽이치며 내려설 즈음 파스카이스$_{Pascais}$가 초원을 두르고 나타났다. 우듬지의 나이가 백 살은 족히 넘을 것 같은 나무가 가지를 오솔길로 늘이고서 처마를 펼쳤다.

검은 판석 지붕 위에 낙엽이 수북하고 그 사이로 여린 새싹이 고개를 내밀고, 그 옆으로 주인 잃은 농기구만 안개 속에 놓여 있었다. 외딴 사제관 처마 아래 걸린 화분이 막 꽃망울을 터뜨리고서 꽃불을 피우고, 그 뒤로 박공지붕 아래 우마차가 멈춰 있고, 그 옆으로 산타 에우랄리아$_{Santa\ Eulalia}$ 성당이 산골 마을을 두

✛ 사리아 산타 마리냐 성당

리번거렸다.

　녹슨 난간을 두른 다리를 밀어낸 오르막길에 농가주택 한 채가 숲속 마을의 이마처럼 다가왔다. 1층 창고 위에 새로 단장한 주택 창가에는 예쁜 화분이 꽃대를 세우고 있었다. 사람의 온기만으로 가슴까지 따뜻해지는 길. 하늘 아래 더 없이 평화로운 산골 마을이었다.

　언덕을 내려서자 페로스Perros가 외로운 늑대처럼 누워 있었다. 우마차 뒤로 소똥이 지천에 깔려 있는 좁은 골목을 빠져나오자 페로스 성당이 엉덩이를 보이며 앉아 있었다. 탈색된 벽체는 반쯤 칠을 하다 방치한 채로 세월에 기대 서 있고, 낮은 팔작지붕 이마에 눌러앉은 3단의 뾰족 종탑은 하늘에 코를 박고 있었다. 처마 아래 날개벽을 세우고 한 품 들어앉은 현관에는 플라스틱 의자들이 어지럽게 널려 있었다.

　가로수 사이 지하통로를 빠져나오니 아기아다Aguiada의 돌담이 길을 따라 줄지어 서 있었다. 하얀 페인트 옷을 입고서 이마에 화강석 종탑을 눌러 쓴 소성당을 벗어나자 사리아가 눈앞에 가물거렸다.

　작은 화단을 물고서 층층계단이 중세 사리아 골목으로 솟아올랐다. 계단이 끝나는 언덕에 산타 마리냐Santa Mariña 성당의 원형 창이 햇살에 고양이 눈처럼 반짝거렸다. 중세 골목이 선형을 그리며 서쪽 언덕으로 달아났다. 호텔과 레스토랑과 상점들이 중세 골목길을 따라 길게 줄지어 있었다. 목각상이 그네를 타는 오르막길을 밀어내자 왼쪽 길가에 13세기 고딕 양식의 살바도르 성당이 엉덩이를 불쑥 내밀었다. 그 앞으로 무너진 도스 바타욘스Dos Batallóns 탑이 길을 오른쪽으로 돌려세웠다.

사리아 신시가지를 바라보며 언덕에 오르자 막달레나 수도원이 공동묘지를 바라보고 서 있었다. 르네상스 양식의 단순한 출입구 앞으로 반쯤 벗겨진 모자이크 장식의 포장석이 깔려 있었다. 출입구로 들어서자 퇴락한 중정과 회랑이 마중했다. 수도원에 딸린 작은 성당은 세월에 얽히고설켜 너덜너덜했다. 세장한 장식의 스페인 플라테레스코 양식의 문과 고딕 양식과 르네상스 양식이 반반 섞인 투박한 석조 아치가 중정을 둘러싸고 모진 세월을 견디고 있었다.

막달레나 수도원

신기루를 뿌리다
산 니콜라스 요새 성당

물안개 피어오르는 숲길로 내려서자 호수 위로 포르토마린 Portomarin이 안개구름 위에 걸려 있었다. 포르토마린은 1966년 저수지를 건설하면서 수몰된 중세 마을을 언덕 위에 새로 건설한 마을이다. 호수 위에 걸린 콘크리트 다리는 2차선이고 인도는 겨우 한 사람이 지나갈 수 있을 정도였다. 다리 아래 수직으로 깎아지른 강물에 중세 석조 다리가 잠겨 있다. 수몰 직전 사진을 보면 길게 이어진 석조 다리 아치들이 동심원을 그리며 강물 위로 굴러갔다. 수몰된 중세 다리는 산티아고 대성당을 지은 마테오 데우스탐벤Mateo Deustamben의 아버지 페드로 데우스탐벤Pedro Deustamben에 의해 중건된 걸작이다. 마을 입구로 다가설 즈음 오른쪽 강변에 돌계단이 물속에서 고개를 내밀며 자신의 존재를

✞ 포르토마린

알리고 있었다.

 다리 끝에 곧추선 계단을 올라 포르토마린으로 걸어간다. 프랑코 거리를 따라 페노사 백작의 광장Plaza Conde Fenosa에 오르자 12세기 로마네스크 양식의 산 니콜라스 요새 성당Iglesia Fortaleza de San Nicolas이 우뚝 서 있었다. 그 뒤로 한 품 덜어져 산 페드로 성당이 다소곳이 서 있었다. 역사적으로 중요한 두 건물은 전면 파사드만 옮기고 나머지 부분은 현장에서 쌓았다. 산 페드로 성당은 직사각형의 칙칙한 벽체를 세우고 그 속의 벽을 한 자 들이밀어 이마에서 지면까지 아치 벽면을 세우고 상부에는 커다란 장미창을

✞ 산 니콜라스 요새 성당

박았다. 아치 벽을 이등분한 돌출 캐노피 canopy* 아래 아치 출입구를 설치해 대칭구조를 이루었다.

 이 성당의 걸작은 3단으로 들여쌓기 한 전면 출입구 상부 팀파눔에 조각된 부조다. 아치의 선형을 따라 두 명씩 짝을 이룬 열두 개의 부조는 묵시록에 나오는 스물네 명의 노인을 묘사한 인물상으로, 하나같이 다른 모양과 자세로 앉아 있었다. 산티아고 대성당의 영광의 문을 축소해놓은 느낌이 드는 이유는 이 성

---

* 제단 따위의 위에 기둥으로 받치거나 매달아 놓은 덮개.

당을 지은 건축가가 산티아고 대성당을 지은 마테오 데우스탐벤이기 때문이다. 성당 내부 공간은 밋밋하고, 반원형 제단에는 십자가상만 덩그러니 박혀 있었다.

 전통적으로 중세 성당 건축은 제단을 동쪽에 두고 출입구를 서쪽으로 향하는 것이 일반적이지만, 이 성당은 복원하는 과정에 전면 광장을 바라보면서 출입구가 남서쪽으로 앉아버렸다. 오전 태양이 성당 꼭대기 모서리를 비추는 순간 빛이 산란해 아치 벽면 위로 신기루를 뿌렸다. 산 니콜라스 요새 성당 뒤로 한 품 떨어진 12세기 로마네스크 양식의 산 페드로 성당 역시 성당문을 포함한 전면부만 옮겨 복원했다.

그리스 신전을 닮은 제단
산로케 성당

평탄한 길이 고개를 숙이며 허리를 오른쪽으로 틀었다. 왼쪽으로 계단을 혀처럼 내밀고 있는 낮은 석축 위로 떡갈나무가 무성한 가지를 펼치고 있었다. 떡갈나무 앞에는 돌단이 마련돼 있고 그 앞에 라메이로스 십자가Cruceido de Lameiros가 리곤데Ligonde의 입구를 바라보고 서 있었다. 17세기에 만들어진

✝ 라메이로스 십자가

✚ 오 로사리로의 카베세이로

십자가의 한쪽 면에는 그리스도의 고난을 상징하는 못·망치·가시관·해골이 조각돼 있고, 그 반대편에는 아기 예수를 품에 안은 성모 마리아가 새겨져 있었다. 고난의 길을 성모 마리아의 사랑으로 헤쳐나가는 것임을 암시했다.

 길을 따라 길게 이어진 리곤데 아랫마을 삼거리에서 남쪽으로 70m 지점에 중세 수도원 영지가 자리하고 있었다. 오늘날 수도원의 부속 건물들은 사라지고 리곤데 성당이 홀로 납골당을 두르고 있다. 모양이 서로 다른 자연석을 가공해 쌓아올린 전면 출입구 벽은 거북이 등짝을 연상시키고, 출입구 위로 솟아오른 종

✟ 오 레보레이로 산타 마리아 데 라스 니에베 성당

탑은 족두리를 떠올렸다. 박공모양의 종탑의 상부에 원형으로 뚫린 창에 파란 하늘이 박혀 있고, 그 아래 두 개의 아치 속에 녹슨 종이 걸려 있었다.

갈리시아의 습기 먹은 길이 이어졌다. 빨간 꽃망울이 줄지어 피어 있는 오솔길이 오 로사리오O Rosario 앞에서 왼쪽으로 고개를 돌렸다. 소쿠리 모양의 갈리시아 전통 오레오hórreo가 낮은 돌 받침 위에 올라타고 있었다. 카베세이로cabeceiro라 불리는 원추형의 밀짚모자를 눌러쓰고 있는 이 오레오는 가난한 사람들이 간편하게 만들어 사용하던 곡물 저장고다.

가리비 표지석 아래 팔라스 데 레이Palas de Rei라고 쓰여 있었다. 중세 교통의 요지였던 팔라스 데 레이는 왕의 궁전이라는 뜻이다. 중세 순례자들이 산티아고에 도착하기 전 마지막 밤을 즐겼던 곳이다. 산 티르소San Tirso 성당을 지나 북쪽으로 올라서자 이 도시에서 가장 아름답다고 소문난 시청이 우뚝 서 있었다. 신고전주의 양식의 2층 건물이 아치 출입구 위에 발코니를 달고 그 위 곡면 파라펫parapet* 중앙에 박힌 둥근 시계가 반짝거렸다.

척척한 돌담을 끼고 오 레보레이로O Leboreiro로 다가선다. 라 코루냐La Coruña 지방의 첫 마을인 오 레보레이로는 산토끼의 들판이라는 뜻이다. 중세 산토끼가 많이 살았던 오지 마을 삼거리에 크기가 작은 카베세이로가 마중하고 그 뒤로 산타 마리아 데 라스 니에베Santa Maria de las Nieves 성당이 담장 위로 고개를 세웠다. 눈이 많이 내리는 지방의 성당이라는 뜻이다. 아치와 출입문 사이의 팀파눔에는 성모 마리아의 모습이 조각돼 있었다. 성당 내부에 모셔진 16세기 성모상은 지금의 성당 자리에 있던 샘물에서 나왔다고 하는 전설이 서려 있다.

중세 마을이 줄지어 나타나는 숲길을 지나 로마 다리로 푸렐로스Furelos 강을 가로질렀다. 푸렐로스 성당 앞에 놓여 있는 14세기 십자가상은 단순하고 거뭇거뭇하지만 갈리사아에서 가장 오

---

* 물을 급여하는 장치를 고정하고 땅 표면의 물이 우물통 안으로 들어가는 것을 방지하기 위해 지상에 설치한 통.

래됐다. 오르막길로 멜리데Melide 시가지로 향했다. 여기저기 풀페리아pulpería, 문어 전문 식당 레스토랑에는 문어 삶는 냄새가 진동했다. 이제 갈리시아 문화가 시작되는 땅에 들어왔다는 뜻이다. 마을 중앙에 위치한 산 로케 성당은 규모에 비해 만곡 아치 출입구 장식이 지나칠 정도로 섬세했다. 12세기 로마네스크 양식으로 단순한 신랑이 타원형 후진부로 이어졌다. 그리스 신전의 입면을 옮겨놓은 모습의 제단이 눈을 사로잡았다. 이오니아식 열주 속에 산티아고 조각상이 박혀 있었다. 오비에도에서 루고를 거쳐 오는 9세기 최초의 순례길이 멜리데에서 만났다.

멜리데 산 로케 성당

환희와 즐거움의 산에 오르다
몬테 도 고소

  가파른 언덕길을 올라 이른 아침 텅 빈 아르수아Arzúa를 가로질렀다. 순례자 조각들이 인도를 따라 군데군데 박혀 있었다. 와인색 호텔 왼쪽으로 중세 골목이 고개를 숙일 즈음 막달레나 소성당과 산티아고 성당이 마주 보고 있었다. 중세 수도원 영지였던 건물들은 온데간데없고 두 성당이 마주 서서 중세의 조각을 부여잡고 있었다. 고딕 양식이라기보다 르네상스 양식에 더 가까운 두 성당이 중세의 귀퉁이를 말없이 지키고 있었다.

  세르세다Cerceda에서 차도 옆으로 딸린 인도를 버리고 숲속으로 난 가파른 언덕을 오르자 산타 이레네Santa Irene 소성당이 숲에 기대 있었다. 중세 피부병을 치료해주었다는 성인의 샘이 성당 곁에 남아 있었다. 오 페드로우소O Pedrouzo를 지나 오 아메날O Amenal

을 가로질렀다. 굴다리를 지나자 아메날 호텔 레스토랑이 산문처럼 지키고 있었다. 하늘을 찌르는 유칼립투스 숲길을 구불구불 돌아 산마루에 올랐다. 반듯한 능선 길이 이어지는 순간 어깨 너머로 산티아고 데 콤포스텔라 비행장의 비행기 이착륙 소리가 숲속에서 폭풍처럼 흘러나왔다. 로터리를 밀어내

✝ 산티아고 조각상

고 공항 철조망에 빽빽하게 걸린 나무 십자가를 따라 내리막길로 뒤뚱거렸다. 길 중앙에 산티아고 조각상이 염라대왕처럼 버티고 서 있었다.

길은 다시 곤두박질치며 계곡으로 내리꽂혔다. 길가에 수녀님을 중심으로 서 있던 10여 명의 사람들이 나를 원형으로 둘러싸더니 기도를 해주었다. 사랑은 예기치 않는 순간에 불어오는 봄바람이었다. 길가의 작은 폭포가 "쏴!" 소리를 내지르며 쏟아 내렸다. 중세 순례자들이 찌든 때를 씻었던 작은 연못에 여행자들이 물장구를 치고 있었다. 오르막길로 국도에 올라서는 순간 비행기가 굉음을 울리며 파란 하늘로 날아올랐다.

◆ 몬테 도 고소의 조각상

마음의 손으로 산티아고 대성당을 손에 잡을 듯했다. 산 파이오San Paio 성당이 있는 작은 마을을 지나고 굴다리를 지났다. 직선로가 곡선을 그리는 순간 언덕 위에 라바코야Lavacolla 성당이 팔을 벌리고 마중했다. 영국에서 온 청춘 남녀들이 성당 계단의 샘물을 받아 마시며 수다를 떨고, 맞은편 벤치에는 오스트리아서 온 아저씨가 불도그에게 간식을 먹이고 있었다. 단순한 벽면에 삼각형 페디먼트를 눌러쓴 라바코야 성당이 좌우 납골당을 날개처럼 두르고서 언덕 아래 산 로케 소성당을 굽어봤다.

이탈리아에서 온 파비오가 긴 막대기를 짚고서 산 로케 소성당으로 중세 순례자처럼 걸었다. 볼품없는 산 로케 소성당이 출입구 앞에 낮은 처마를 세우고 시오냐Sionlla강가에 낮게 앉아 있었다. 중세 순례자들이 산티아고 대성당까지 10㎞ 떨어진 시오냐강에서 지친 몸을 씻고 마지막 밤을 보냈다. 이곳에서 중세 순례자들이 성기를 씻었다는 고약한 전설과 코야스collas, 옷깃를 빨았다는 전설이 맞서고 있다. 라바코야는 라바르lavar, 씻다와 콜라cola, 꼬리의 합성어이기 때문이다.

야산을 넘어서자 지루한 길이 갈리시아 TV 방송국을 지나 이리저리 꼬이며 이어졌다. 무표정한 직선로가 고개를 세우고 언덕으로 달려갔다. 언덕 꼭대기에 떡갈나무 한 그루가 산 마르코스 소성당에 그림자를 씌워주고 있었다. 산티아고 대성당의 위병소 같은 몬테 도 고소Monte do Gozo가 눈에 다가왔다. 영국 젊은

이들이 중세 순례자들처럼 가위바위보로 언덕까지 슬기롭게 올라가는 내기를 하며 뛰어갔다. 박공지붕을 눌러쓴 하얀 벽의 산 마르코스 소성당의 출입구는 장식 없이 직사각형 출입문이 박혀 있었다. 박공지붕의 머리에 스틸로 만든 철 십자가 아래에 종 하나가 조롱박처럼 걸려 있었다.

산 마르코스 소성당 동남쪽으로 환희와 즐거움의 산(몬테 도 고소)이라 불리는 언덕 에는 거대한 조각상이 기세등등하게 서 있었다. 중세 프랑스 순례자들이 언덕에서 마침내 산티아고 대성당의 종탑을 바라보고서 "나의 기쁨"이라고 외쳤기 때문이다. 요한 바오로 2세의 방문을 기리는 기념비와 순례자 조각상이 산티아고 대성당을 바라보고 있었다. 산티아고 대성당은 구름 속에 가려 일렁거렸다.

시간이 돌의 호수에 잠겼다
산티아고 데 콤포스텔라

아침 6시, 몬테 도 고소는 안개구름을 이불처럼 덮고 있었다. 육교 옆으로 꿀렁거리는 나무판자 인도를 따라 고속도로와 철길을 가로질렀다. 길 건너 버드나무 숲에 걸려 있는 '산티아고 데 콤포스텔라' 간판이 반가웠다. 로터리를 지나 '순례자의 문Porta Itineris Sancti Iacobi'이라 불리는 기념 조형물 아래로 지났다. 인도에 홀로 서 있는 산 라사로San Lázaro 성당이 마치 문어대가리처럼 생긴 박공의 종탑을 세우고 마중했다.

중세 순례자들에게 콘차스conchas, 조개껍데기를 팔던 콘체이로스Concheiros 거리를 밀어내고 오거리 횡단보도를 가로질렀다. 마침내 중세 별빛이 찔레꽃 아래 산티아고 무덤으로 인도했던 벌판, 산티아고 데 콤포스텔라에 안겼다. 언덕 위 카사 아르세Casa Arce

✝ 산티아고 데 콤포스텔라 전경

앞에 산 페드로 십자가상이 서 있었다. 하지 때마다 이곳에서 장작을 태우며 축제를 시작했다. 오른쪽 공원 뒤로 14세기 고딕 양식의 수도원을 개조해 꾸며놓은 포보 갈레고Pobo Galego 박물관ᐩ이 비탈을 등지고 서 있고, 그 왼쪽으로 포르투갈 건축가 알바로 시사Alvaro Siza가 설계한 갈리시아 현대미술관이 휘장을 두르고 칙칙하게 서 있었다.

횡단보도를 가로질러 언덕에 올랐다. 중세 환전상 길드가 번성했던 살바도르 광장에 18세기 아니마스Animas 성당이 페디먼트 아래 장대한 열주를 세우고 있었다. 세르반테스Cervantes 광장을 내려서자 인마쿨라다Inmaculada 광장이 팔을 벌리고 마중했다. 산티

ᐩ 산토 도밍고 데 보나발Santo Domingo de Bonaval 수도원을 박물관으로 개조했다.

아고 대성당의 천국의 문이 눈에 들어왔다.

시간이 길을 벗어던졌다.

산티아고 대성당의 천국의 문이 인마쿨라다 광장을 사이에 두고 17세기 산 마르티뇨 피나리오San Martiño Pinario 수도원을 바라보고 있었다. 18세기 후반 바로크 양식에서 신고전주의 양식으로 재건축된 천국의 문을 뒤로하고 아치 속의 계단으로 내려섰다. 오브라도이로Obradoiro 광장이 거대한 장방형으로 중세 건물들에 둘러싸여 있었다.

시간이 돌의 호수에 잠겼다.

영광의 문
산티아고 대성당

    오브라도이로 광장에서 세계인들이 각자의 방식으로 서로를 축복해주고 있었다. 어떤 이들은 모여서 합창을 하고, 어떤 이들은 서로 어깨를 마주하고 깡충깡충 뛰며 환호성을 질렀다. 신화의 세례를 받은 신전을 기웃거리며 역사의 나이테가 새겨진 길을 따라 산티아고 대성당까지 걸어온 발걸음에 감사하고 있었다. 오브라도이로 광장의 0㎞ 기점 위에 무릎을 꿇었다. 40여 일 동안 배낭을 메고 묵묵히 걸어온 걸음을 멈췄다.

    두 발이 미치도록 그리워한 곳, 가슴 터지도록 품고 싶었던 산티아고 대성당을 올려다봤다. 갈리시아 화강석으로 지어진 대성당의 전면에 바로크 양식의 종탑이 74m 높이로 우뚝 솟아 있었다. 기단 위에 대성당이 다이아몬드 형상의 계단을 벌리고 당당하게 서 있었다. 십자가로 장식된 중앙의 아치문 위로 이중의 아치창을 세우고, 그 위로 우뚝한 아치 속에 산티아고 동상이 굽어보고 있었다.

산티아고 대성당은 813년 산티아고의 무덤이 발견되고 나서 무덤 위에 성소를 지었다. 899년 로마네스 양식의 성당을 건축했으나 997년 코르도바 알 만수르 군대에 의해 소실됐다. 종과 문은 끌려가 코르도바 사원에 바쳐졌다. 이슬람의 신을 밝히는 촛대로 사용됐던 종은 1236년 카스티야 왕국의 페르난도 3세에 의해 산티아고 대성당에 다시 봉헌됐다. 오늘날 대성당은 1075년

✝ 산티아고 대성당

✟ 산티아고 대성당 내부

디에고 페라에스Diego Peláez 주교와 알폰소 6세의 후원으로 착공됐다. 1122년 북측 입구에 분수대를 설치하고 헌당식을 가졌다. 1495년 대학이 추가됐으며, 거대한 돔지붕은 15세기 작품이며, 신랑과 측랑은 16세기, 천국의 문은 18세기 작품이다.

오브라도이로 광장에서 바라보이는 오브라도이로 벽면이 거대한 십자가를 세우고 아치 출입구를 단단히 걸어 잠그고 있지만 이 출입구는 초기 대성당의 출입구가 아니다. 오늘날 주 출입구 바로 뒤에 원래 이 건물의 출입구이자 산티아고 대성당의 하이라이트인 영광의 문Pórtico de Gloria이 숨어 있다. 제단 방향으로 시선을 열어주는 영광의 문은 가운데 큰 아치문을 좌우의 작은 아치문이

호위했다. 세 개의 아치에는 12세기 후반 마테오 데우스탐벤이 조각한 것으로 추정되는 조각들이 빼곡하게 새겨져 있다.

가운데 큰 아치의 팀파눔 상부 곡선을 따라 묵시록에 나오는 스물네 명의 노인 조각들이 중앙에 앉은 예수 조각상을 바라보고 있었다. 반원아치의 팀파눔에는 예수와 제일 가까운 아래위로 네 복음 천사들이, 상부에는 신앙이 두터운 사람들이, 그 아래에는 천사들이 십자가를 세우고 있었다. 예수 조각상 바로 아래에 발을 내리고 있는 기둥 전면에 산티아고 조각상을 세우고 있었다.

중세 목숨을 걸고 산티아고 대성당을 찾은 순례자들은 산티아고 조각상을 바라보며 대성당에 올랐다. 순례자들은 기둥에 조각된 산티아고의 발에 입을 맞췄다. 중앙 아치를 받치는 왼쪽 기둥에는 예언자들*이, 오른쪽 기둥에는 사도들**이, 예수와 산티아고를 호위하고 있었다. 성경을 기록하듯이 예수의 영광을 조각으로 새겨놓았다.

중앙 기둥 뒤에 꿇어앉아 가슴에 두 손을 가지런히 얹고 있는 조각상은 대성당을 지은 건축가 마테오로 추측되고 있다. 중세 순례자들이 이 흉상에 머리를 부딪치면 지혜를 얻는다는 소문 때문에 조각상의 이마가 손상됐다.

* 왼쪽부터 예레미야Jeremiah, 다니엘Daniel, 이사야Isaiah, 모세Moses.
** 왼쪽부터 베드로, 바울Paul, 야고보, 요한Johannes.

영광의 문을 지나 열주가 도열한 회랑을 따라 추리게라 양식Churrigueresco의 황금빛 제단으로 걸었다. 산티아고 황금 동상 위로 황금 갑옷을 두른 마타모로스가 바람을 가르며 달려오고 있었다. 그리스 파르테논신전 안에 있었던 12m 높이의 아테나Athena 머리 위에 올라탄 전설 속 말이 달려오는 듯했다.

산티아고 대성당은 산티아고 신화를 눈으로 읽는 돌의 경전이다. 눈으로는 산티아고의 황금 조각상을 보고 있으면서도 마음은 자꾸 뒷걸음질 쳤다. "이것은 신화야!"라고 마음속으로 소리쳤다. 그 순간 니코스 카잔차키스의 말이 떠올랐다. "인간은 자기가 깊이 간직하고 있지 않는 믿음을 사람들에게 나눠주려고 안간힘을 쓰지만 신은 자기가 가지고 있는 믿음을 사람들에게 나눠준다."

카잔차키스는 20세기 스페인의 지성이었던 우나무노의 질문에 이렇게 답했다. "우리는 더 이상 신화를 믿지 않습니다. 그래서 우리의 삶은 황폐합니다." 인간의 심오한 창의력은 다시 깨어나야 한다고 카잔차키스는 말했다. 산티아고는 역사의 옆구리에서 어느 날 툭하고 나타난 것이 아니라 신의 이름으로 인간이 불러냈다. 산티아고는 신의 사도로서 스페인 기독교도들이 성전에서 반드시 승리할 수 있다는 믿음을 새겨주었다.

좁은 계단으로 올라 산티아고의 황금 어깨를 끌어안았다. 모세가 하느님의 뒷모습만 봤듯이 산티아고 역시 우리에게 등만

✝ 영광의 문

허락했다. 그의 황금 등짝을 끌어안는 순간 9세기의 돈키호테를 만나는 듯했다. 산티아고에게 황금 갑옷을 입힌 자도 인간이고, 그를 신화로 불러낸 자도 인간이고, 그와 함께 희망을 외치고 적진으로 뛰어간 전사들도 인간이었다. 산티아고는 중세 스페인 사람들이 신의 믿음으로 불러낸 돈키호테였다. 우리에게 등짝을 내준 산티아고는 죽음의 바다, 피스테라를 바라보고 있었다. 죽음은 세상의 끝이 아니라 새로운 시작이라 소리치는 듯했다.

✞ 산티아고 대성당

대성당의 뾰족한 돔 천장, 불그스름한 조각들, 스테인드글라스를 통과한 오묘한 색의 빛, 황금색의 제단 조각이 뿜어내는 황홀함은 산티아고 신화를 가슴으로 받아들이라고 속삭였다. 신화의 행간을 채우는 신의 뜻을 보라고 소리쳤다. 산티아고의 신화가 프랑스 길을 거슬러 전 유럽에 사랑을 퍼뜨린 것만으로 산티아고는 신화의 칼집에서 나온 신의 칼이었다.

그의 무덤을 찾아 지하로 내려갔다. 철창 안에 은색관이 반짝였다. 고대 이집트 초기 피라미드인 마스타바$_{\text{mastaba}}$는 지상층에 의식을 치르는 신전을 설치하고 지하에 무덤을 안치했다. 로마 바티칸의 성 베드로 성당이 베드로의 무덤 위에 올라타고 있듯이 산티아고 대성당은 산티아고 무덤 위에 올라타고 있다. 알랭 드 보통은 『행복의 건축』에서 "어떤 공간과 어떤 희망이 일치했을 때 우리는 그곳을 집이라고 부른다."라고 말했다. 산티아고 대성당은 신화와 인간의 희망이 일치해 지어진 신의 궁전이었다.

로마네스크 양식의 라틴십자 평면 위에 올라타고 있는 산티아고 대성당은 서쪽을 향해 앉아 좌우로 세 개의 본당을 거느리고 있었다. 마치 산티아고가 손을 벌리고 서 있는 듯했다. 산티아고 대성당은 산티아고의 무덤 위에 주춧돌을 놓았다. 산티아고의 무덤은 여전히 신화의 보자기에 싸여 있지만, 그것이 중세 스페인을 일으켜 세우고 유럽을 깨운 것은 역사적 사실이다.

푸에르타 산타

프라테리아스 광장의 카발로스 분수 조각상

그의 무덤 위에 올라타고 있는 황금 마타모로스 조각상은 신의 이름으로 8세기 동안 기독교도들에게 반드시 이길 수 있다는 믿음을 불어넣어주었다. 반짝이는 은색 관은 신화의 세례를 받고서 역사의 나이테를 두른 채 희망을 외치고 있었다. 산티아고 제단 뒤에 킨타나Quintana 광장으로 난 문은 성스러운 문이란 뜻의 푸에르타 산타Puerta Santa로 불린다. 이 문은 면죄의 문으로 50년마다 성스러운 해에만 개방한다. 대성당 남쪽에 프라테리아스Praterias 광장이 아름다운 카발로스Cabalos 분수를 품고 있었다.

대성당 박물관으로 발길을 옮겼다. 거장 마테오가 12세기 산티아고 대성당을 재건한 과정들이 기록과 도면으로 남아 있었다. 박물관을 돌고 돌아 산티아고 시신을 배에 싣고 가는 나무조각 앞에 섰다. 빛바래고 틈이 벌어진 조각 앞에서 발걸음이 얼어붙었다. 조각 앞에서 몇 번이나 사진을 찍으려다 마음을 접었다.*

빛이 바래 나뭇결의 틈이 벌어져 오래 쓰다 버린 빨래판 같은 조각 앞에서 발걸음이 움직이지 않았다. 작은 거룻배에 산티아고 시신을 눕히고 제자 두 명이 타고 있는 평범한 조각을 바라보다 장인의 마음이 손에 잡혔다. 신화를 사실보다 더 진실이라 믿은 장인의 혼을 발견했다.

* 박물관에서의 사진 촬영은 금지돼 있다.

✤ 프라테리아스 광장

　박물관 옥상에 올랐다. 종탑에는 바로크 양식의 장식들이 보석처럼 박혀 있었다. 종루에 걸린 종은 10세기 말 대성당을 파괴한 코르도바 알 만수르 총독이 끌고 가서 코르도바 메스키타Mezquita 사원의 촛대로 사용됐던 것을 다시 찾아온 것이다. 오브라도이로 광장을 굽어보는 발코니에 서자 직사각형 광장에 산티아고의 별처럼 여행자들이 총총하게 박혀 있었다.

다음 세기를 준비하다
오브라도이로 광장의 중세 건물

아침 햇살이 길게 누워 있는 오브라도이로 광장의 남쪽 모퉁이로 향했다. 대학도서관으로 사용되는 폰세카Fonseca를 지나 산 헤로니모San Jerónimo 대학 현관 앞에 섰다. 16세기 가난한 학생들을 위해 세운 대학 건물이다. 로마네스크 양식의 아치 좌측에는 산티아고, 우측에는 산 페드로 부조가 나란히 새겨져 있었다. 중세 이래로 성 베드로는 바티칸 대성당에, 산티아고는 이곳 산티아고 대성당의 주인이 됐다. 14세기 말 스페인이 통일되고 순례길의 역동성이 사라지자 산티아고 데 콤포스텔라는 쇠락의 길을 걸었다. 그때 산티아고 대성당은 대학을 비롯한 연구시설을 갖추고 조용히 다음 세기를 준비했다.

18세기 바르톨로메 데 라호이Bartolomé de Rajoy 주교가 세운 라호

✚ 라호이 주교관

　이 주교관으로 걸었다. 중앙 페디먼트를 중심으로 대칭인 이 건물은 산티아고 대성당을 거울처럼 마주했다. 이곳 회랑에서 바라보는 대성당의 모습이 제일 웅장했다. 1층 회랑을 걸어가는 순간 오브라도이로 광장이 거대한 수도원 중정처럼 느껴졌다.

　광장 북쪽으로 15세기 말 르네상스 양식의 수도원이 오브라도이로 광장의 북쪽 날개벽을 세우고 있었다. 오늘날 국영 호텔로 변신했지만 화려한 발코니는 중세 그대로다. 산 프란시스코 거리를 따라 북쪽에 우뚝 솟아 있는 산 프란시스코 성당으로 걸었다. 작은 광장에 산 프란시스코 데 아시스 San Francisco de Asís 기념비가 거대한 오벨리스크처럼 솟아 있고, 그 뒤로 기념비와 비례가 정확하게 일치하는 산 프란시스코 성당의 강력한 열주가 종탑보다 몇 배는 더 장대하게 서 있었다.

영혼을 위로하다
보타푸메이로

    산 마르티뇨 피나리오 수도원을 끼고서 산티아고 대성당의 천국의 문으로 걸었다. 여행자들이 천국의 문 앞에 벌떼처럼 웅성거렸다. 성당 안엔 발 디딜 틈 하나 없었다. 보타푸메이로 Botafumeiro, 향로 의식이 곧 시작된다고 했다. 매주 일요일을 제외하곤 독지가가 300유로를 기부 할 때만 12시 미사가 진행되는데, 미사가 끝나기 무섭게 보타푸메이로 강복 의식을 진행했다. 제단 서쪽 모서리의 빈자리 하나를 용케 차지하고 앉았다. 수녀님이 제단 앞에서 성가를 선창하자 여행자들이 복창했다. 미사가 끝나고 신부님이 단상으로 다가서더니 순례자의 출발지와 국가 이름을 호명했다.

    침묵이 흐르는 사이 붉은 망토를 입고서 허리띠를 질끈 동여

보타푸메이로

맨 수도사가 제단 위로 올라섰다. 탁자를 치우고 신부와 나란히 서서 천장에서 천천히 내려오는 금빛 향로 앞으로 다가섰다. 그 순간 연기가 모락모락 피어오르는 숯불을 들고 티라볼레이로 Tiraboleiro, 향로를 나르는 사람라 불리는 수도사가 제단 위로 뛰어올랐다.

왼쪽 기둥 모서리에 나머지 수도사 여섯 명이 줄을 잡고 신호를 기다리고 있었다. 수도사가 향로의 뚜껑을 열고 숯불을 넣고 신부님이 향을 뿌리자 하얀 연기가 제단 위로 몽실몽실 피어올랐다. 신부님이 물러나자 수도사가 향로를 손으로 길게 밀고는 바삐 밧줄을 잡고 있는 일행 사이로 뛰어갔다. 장엄하게 울리는 오르간 연주에 맞추어 향로가 연기를 날리며 고딕 천장으로 날아올랐다.

근육질 팔뚝의 수도사들이 힘껏 줄을 당길 때마다 황금빛 향로가 출렁거리며 제단 위로 날아올랐다. 네 명이 한 조를 이룬 두 무리의 젊고 건장한 수도사 여덟 명이 팔뚝 가득 줄을 당길 때마다 향로가 하얀 수염을 날리며 천장으로 날아올랐다. 황금빛 향로가 정확하게 제단을 중심으로 남북으로 그네를 탔다. 향로의 속도를 따라잡지 못한 연기가 긴 수염을 날리다 여행자들의 머리 위로 허물어지며 흘러내렸다.

향로가 날아오를 때마다 하얀 연기 수염이 머리 위로 길게 선형을 그리며 층층이 사다리를 놓았다. 중세 대성당의 기둥은 천국으로 이어진 사다리이고, 천장은 인간이 도달할 수 없는 천국

✝ 티라볼레이로

✝ 그네를 타는 보타푸메이로

의 상징이었다. 서커스에서나 볼 수 있을 듯한 공연이 산티아고의 무덤 위에서 엄숙하게 벌어지고 있었다. 황금 조각과 장식만으로 산티아고의 메시지를 전달하기에는 부족하다고 느낀 것일까. 아니면 목숨을 걸고 걸어온 중세의 순례자들에게 마지막 피안의 언덕을 선물하고 싶었을까.

가슴 한구석에서 996년 알 만수르 코르도바 총독에 의해 거꾸로 뒤집힌 채 끌려간 산티아고 대성당의 종이 코르도바 메스키타 사원에 촛대로 거꾸로 매달려 다른 신의 얼굴을 비추었던 고통의 시간이 떠올랐다. 중세 산티아고 대성당의 종소리는 신의 목소리이자 산티아고의 외침이었다. 목숨을 걸고 산티아고 대성당에 도착한 중세의 순례자들에게 보타푸메이로는 어떤 의미였을까. 낯선 성소의 문을 수없이 두드리며 마지막 가장 깊은 산티아고의 무덤에 다다르기 위해 온갖 바깥 세계를 방황한 순례자를 위로하기 위함이었을까. 지치고, 아프고, 냄새나는 중세의 순례자들을 소독했던 보타푸메이로가 21세기 문명의 시대에도 여전히 우리의 영혼을 위로해주었다.

산티아고 대성당의 미래
갈리시아 문화센터

　유월의 곧은 햇살이 산티아고 대성당 빛의 갑옷에 드리웠다. 천국의 문이 바라보이는 인마쿨라다 광장에서 야외음악회가 열리고 있었다. 악단의 연주에 맞춰 중년 여인이 세련되게 박자를 밟으며 춤을 췄다. 스페인에서 삶은 축제다. 지금 이 순간 살아있음에 감사하고 사랑하는 사람들이 행복하게 즐기며 춤추기 때문이다.

　산티아고 대성당 남동쪽으로 약 3.5km 떨어진 비소Viso산 정상의 갈리시아 문화센터를 찾았다. 산티아고 대성당의 미래를 암시하는 거대한 건축물로 세계적인 미국 건축가 피터 아이젠만 Peter Eisenman의 작품이다. 능선을 타고 길게 타원을 그리며 공사장 서남쪽 후문으로 들어섰다. 공사 차량이 드나드는 철문이 이중

✦ 갈라시아 문화센터 내부

갈리시아 문화센터

✝ 갈리시아 문화센터

삼중으로 에워싸고 있었다. 수위 아저씨가 반대 방향으로 왔다고 설명하며 문을 열어줬다. 스페인 경제위기로 공사가 멈춘 현장엔 휑하니 바람만 불었다.

동북쪽으로 길게 이어진 오픈 몰을 따라가자 왼쪽으로 전시실이 열려 있었다. 갈리시아 문화센터 배치 모델과 부분 상세 모델이 공정별로 나란히 전시돼 있고, 그 뒤로 현상설계 참여 작가의 도판과 모델들이 진열돼 있었다. 그중에서 피터 아이젠만의 작품이 단연 으뜸이었다.

'문화의 도시Cidade da Cultura'라는 이름의 갈리시아 문화센터는 산티아고 데 콤포스텔라의 미래와 산티아고 대성당의 비전을 담

✤ 갈리시아 문화센터

고 있다. 중세도시 산티아고의 도로망은 배경이 되고 건물은 표피가 되며 죽음의 바다는 미래의 이미지가 됐다. 중세도시 산티아고를 '역사와 신화, 현재와 미래, 이상과 상상'이라는 다층적 구조를 디자인개념으로 발전시켰다. 지금까지 본 적 없는 비물성의 유선형 건물이 넓은 대지 위에 출렁거렸다. 그러나 초기 현상설계 모델에서 풍겼던 강력한 역동성은 느낄 수 없었다.

개념이 현실의 공간으로 실현되는 과정에서 초기의 이미지는 향기처럼 사라져버렸다. 왜 그랬을까? 개념적이고 형태적인 모델에서 살아 펄떡거렸던 그 생기는 어디로 사라진 것일까. 실현해놓은 건물의 볼륨은 마치 죽은 고래를 산꼭대기에 전시해놓은 듯 밋밋했다. 유선형의 건물이 하나의 표피를 입고 거대한 부지 위에서 곡선의 볼륨으로 출렁거리지만 대지를 압도하는 생기를 느낄 수 없었다. 건축은 개념의 독창성만으로, 그리고 모델에서 풍기는 강렬함만으로 현실에 적용하기에는 위험한 도전인 듯했다. 박물관과 국제아트센터, 음악공연예술센터와 중앙 행정 빌딩, 도서관과 기록 보관소 등 총 여섯 개 기능으로 구성된 세 개의 건물군이 유선형으로 들어설 예정이었다.

스페인 경제위기로 2012년 국제아트센터와 음악공연예술센터의 건립이 취소되고 살아남은 건물이 어느 정도 마무리돼 있었다. 세 개의 볼륨이 남북으로 꽉 짜여 있어야 하지만 가운데 선형에 해당하는 국제아트센터와 음악공연예술센터 건물 자리는 녹슨 철근콘크리트 기둥들이 목이 잘린 채 세월에 탈색돼 가고 있었다. 거대한 부지 한쪽이 폐허처럼 어수선하게 버려져 있지만 독창성을 느끼기에는 부족하지 않았다.

살아남은 두 개의 건물군 중 북쪽 박물관은 가장 높은 건물로, 갈리시아의 역사와 유산을 소개하는 특별 전시 공간이다. 43m 높이의 장쾌한 볼륨은 대서양 파도가 솟아오르다 그 자리에 얼어붙은 모습이다. 대규모 기획전까지 수용할 수 있는 내부 공간은 철골 기둥이 줄지어 층별 공간을 품고 있지만 역동성은 사라지고 리드미컬한 볼륨감의 변화도 느낄 수 없었다. 그럼에도 기존 건물들과 확연히 다른 실험적인 건물임에는 틀림없었다.

스페인의 세계적인 건축가 가우디의 건축물은 모두 미완으로 남아 있다. 바르셀로나 성가족 대성당은 아직도 지어지고 있다. 산티아고 대성당이 수 세기 동안 증축을 거듭하며 오늘날의 모습으로 남아 있듯이 갈리시아 문화센터도 잠시 숨고르기를 하고 있는지 모른다. 새로운 건축의 실험과 모험은 늘 역사의 심판을 받았다. 천문학적인 비용이 들어가는 작품이라 언제 다시 지어질지 모른다는 관리자의 말이 가슴속에 긴 여운으로 메아리쳤다.

산티아고의 발코니
피스테라

무시아→산토 에스티보 데 리레스→피스테라

조각품을 떠올리게 하는 산토 에스테보 데 리레스 오레오

중세 사람들은 사람이 더 이상 걸어갈 수 없는 대지의 끝을 '피스테라'라고 불렀다. 중세 모든 대성당과 성당들은 하나같이 동쪽에 제단을 세우고서 피스테라가 있는 서쪽을 바라봤다. 해가 지는 대서양에 면한 피스테라는 예수의 부활을 상징하며 인간이 궁극적으로 도달할 수밖에 없는 죽음을 암시했다. 육체의 발길이 멈추는 무시아와 피스테라는 신화의 세례를 받은 역사적인 건축물과 유적들이 산티아고의 발코니처럼 남아 있었다.

성모 마리아의 위로
무시아, 돌로 만든 배

    산티아고 데 콤포스텔라 터미널에서 버스를 타고 대서양 해변의 무시아로 달렸다. 네그레이라Negreira와 올베이로아Olveiroa를 거쳐 안개들판을 느릿느릿 가로질렀다. 잘록하게 돌출한 해안선을 따라 달리던 버스가 무시아에서 멈췄다.

    벨라 무시아Bela Muxia 알베르게에 배낭을 던져두고 해안선을 따라 돌로 만든 배가 있는 곳으로 걸었다. 검은 바위가 줄지어 있는 해안선으로 파도가 쉼 없이 때리며 하얗게 부서졌다. 길이 끝나는 곳에 허물어진 유적지가 서 있고, 그 왼쪽으로 바르카 성모의 성당이 등을 보이고 앉아 돌로 만든 배를 바라보고 있었다.

    중세 사람들은 육지의 끝에서 만나는 대서양을 죽음의 바다라고 불렀다. 무시아와 피스테라의 해안을 죽음의 해안이라 불렀

✢ 무시아 전경

다. 중세 모든 대성당과 성당들은 하나같이 동쪽에 제단을 세우고 죽음의 바다가 있는 서쪽을 바라봤다. 해가 지는 방향의 바다는 그리스도의 부활을 상징하며 인간이 죽어서 신의 세계로 들어가는 관문이라 믿었다.

바르카 성모의 성당이 자리한 무시아의 북쪽 끝은 고대 켈트족의 섬김을 받던 신성한 장소였다. 12세기 이 마을 사람들이 기독교를 받아들인 이후 켈트족의 성지에 작은 성소를 지었다. 17세기 그 자리에 지금의 성당을 지었다. 오늘날 성당은 2013년 번개로 파괴된 것을 다시 지은 것이다.

대서양을 향해 종탑을 세우고 있는 바르카 성모의 성당은 검은 반석을 성모 마리아의 앞치마처럼 두르고 있었다. 반들반들

✝ 돌로 만든 배

윤이 나는 검은 반석들이 죽음의 바다, 대서양으로 펼쳐져 있었다. 넓은 반석 위에 희끄무레한 자연석이 방금 뭍으로 올라선 물개마냥 엎드려 있었다. 이 돌의 이름이 성모 마리아가 타고 왔다고 전하는 '돌로 만든 배'다. '성모 마리의 돌배'로 불리기도 한다. 금방이라도 양 지느러미를 저벅저벅 짚고서 다가올 태세다. 그 뒤로 대서양 파도가 하얗게 부서져 내렸다.

전설에 따르면 사도들 중의 한 명(산티아고로 추정)이 무시아 지역(피스테라에서 전도하다 실패해 무시아로 건너왔다는 이야기가 전하지만 사실은 확인할 수 없었음) 사람들을 전도하려다 실패해 낙담하고 있을 때 성모 마리아가 돌로 만든 배를 타고 와서 위로했다. 이 지역에 살았던 고대 켈트족들은 죄지은 사람들을 돌로 만든 배 앞으

✞ 바르카 성모의 성당

로 데려와 그 죄를 심판했다. 돌로 만든 배는 바람의 강도에 따라 앞뒤로 움직인다고 한다.

중세 이래로 돌로 만든 배 아래의 빈 공간(한 사람이 겨우 기어서 통과할 수 있을 정도)으로 아홉 번을 통과하면 관절염이 치유된다는 전설이 내려온다. 때마침 오스트리아에서 온 청춘 남녀가 근처에 있는 연인들의 돌(연인모양의 돌에서 사랑을 맹세하면 영원한 사랑을 간직할 수 있다는 전설이 내려오는 돌)을 지나 돌로 만든 배 밑으로 기어 나왔다. 그 모습이 마치 어미 물개의 가슴 밑에서 새끼 물개가 기어나오는 듯했다.

돌로 만든 배의 기원은 스페인 북부에서 채집한 광물을 싣고 가던 배에서 유래됐다. 돌로 만든 배를 지나 파도가 철석거리는 반석 위에 앉아 대서양을 바라봤다. 세상의 모든 잡념이 파도 소리에 부서져 수평선으로 가라앉는 듯했다. 그 누구라도 이곳에 앉으면 지난 상처를 말끔히 벗어던지고 침묵의 시간으로 위로를 받을 것 같았다. 고대부터 신이 내려준 신성한 장소를 제누이스 로시라 불렀다. 신성한 장소는 문명의 주인을 섬기며 신전에서 성당으로 그 옷을 갈아입으며 같은 자리를 지키고 있었다. 돌로 만든 배를 바라보던 눈길을 거두어 17세기 바르카 성모의 성당을 바라봤다. 18세기 나폴레옹 군대에 의해 파괴됐고, 2002년 유조선 전복 사고로 기름띠가 해안을 덮친 시간을 묵묵히 견뎠으며, 2013년 번개로 무너지는 아픔을 겪은 바르카 성모의 성당은 다시 재건됐다. 마치 성모 마리아가 돌로 만든 배를 바라보고 있는 듯했다.

 마을로 이어지는 언덕 위에 두 개의 돌이 서로 엉켜 있는 모습의 전망대가 우뚝했다. 언덕으로 이어진 오솔길은 오늘날 '허물의 길'로 불리고 있다. 산티아고가 참회하며 걸었을 그 시간을 추억하며 걸었다. 오솔길 위로 솟아오른 둥글둥글한 자연 암반 위에 남아공에서 온 숙녀가 터를 잡고 앉아 대서양에 눈을 적시고 있었다. 사진을 찍어주겠다고 성화를 부리는 그녀의 미소는 무시아의 해안선처럼 평화로웠으며 돌로 만든 배처럼 부드러웠다.

✚ 바르카 성모의 성당

세상의 끝에 서다
피스테라, 산 기에르모 수도원

    이른 아침 해무 자욱한 무시아의 해안선을 따라 걸었다. 마을 어귀 삼거리에서 길을 잘못 들었다. 박공지붕 아래 원형 창문이 도드라지는 산 시아오 데 모라이메_{San Xiao de Moraime} 성당이 다가왔다. 박공지붕 아래 둥근 창을 동공처럼 박고 불룩 튀어나온 아치 현관을 코처럼, 좌우측 종탑을 귀처럼 쫑긋 세우고서 금방이라도 손을 내밀 듯했다. 길게 뻗은 아치 출입구를 콧구멍처럼 벌렁거리며 안개바람을 불어냈다.

    길을 돌아 나오다 수아렌테스로 향하는 순례길을 벗어던지고 해안선으로 난 길을 걸었다. 죽음의 바다, 대서양에서 불어오는 해풍을 맞으며 로우리도_{Lourido}에 올랐다. 해무에 반쯤 가려 있는 한적한 마을을 밀어내고 습기 먹은 아스팔트 길을 한없이 걸었

✞ 산 시아오 데 모라이메 성당

다. 숲길이 열리더니 비세오가 고개를 내밀었다. 이 지방 오레오는 다른 지역의 오레오와 다르게 돌기둥 위에 넓은 판석을 올리고 그 위에 가지런하게 돌벽을 쌓아올렸다. 해풍에 맞서기 위함이다. 어떤 것은 배흘림 돌기둥 위에 맷돌처럼 둥근 기단석을 올리고 그 위에 화강석을 벽돌처럼 정갈하게 쌓아올렸다. 돌과 돌 사이 쥐가 침입하지 못하도록 가는 틈을 실눈처럼 설치해 바람길만 열어놓았는데 그 모습이 가는 끌로 돌에 점선을 그어놓은 듯했다. 정밀하게 만들어놓은 오레오보다 거친돌쌓기로 마감한 오레오에 더 마음이 끌렸다.

삼거리 표지판에 카보 토우리냔 Cabo Touriñán 등대로 나가는 화살표가 서 있었다. 피스테라와 무시아 중간에 위치하고 있는 카

✝ 카보 토우리냔 등대

보 토우리냔이 실제 세상의 끝이다. 밋밋한 능선이 해안선과 만나는 곳에 하얀 등대가 대서양을 바라보고 있지만 무시아 만큼 정적이지도, 피스테라 만큼 압도적이지도 못해 역사의 기록에서 사라지고 말았다.

드문드문 주택들이 산개돼 있는 프리세Frixe를 벗어나자 가파른 숲길이 고개를 세웠다. 목초지를 가로지르자 계곡 아래 빛바랜 오지기와지붕이 연한 아이보리 벽체를 두르고 나타났다. 낡은 기와지붕을 눌러쓰고 오른쪽에 굴뚝을 세우고 있는 농가주택 한 채가 동화 속 집처럼 나타났다. 마음은 벌써 외딴집 속으로 들어

🕆 바오실베이로 농가주택

가 창문으로 내려다보고 있었다. 거무칙칙한 벽에 하얀 바탕에 파란 글씨로 쓰여 진 '바오실베이로Vaosilveiro'라는 명패가 붙어 있고, 그 아래 작은 마당에 쟁기가 놓여 있었다. 벽면에 뚫린 두 개의 창문에는 방금 묶은 듯 커튼이 잘록하게 묶여 있었다.

농가주택을 밀어내고 질퍽거리는 길을 따라 걸어가자 카스트로Castro 강 위로 새로 건설한 화강석 다리가 놓여 있었다. 화강석 다리 옆에 17세기 징검다리가 물에 찰랑거렸다. 다리가 서기 전까지 순례자들은 등산화를 벗고서 찰랑거리는 징검다리로 개울을 건넜다. 개울을 지나 오르막 숲길을 차고 올라서자 산토 에스테보 데 리레스Santo Estevo de Lires가 구릉에 누워 있었다. 화강석으로 정갈하게 쌓아올린 오레오가 조각처럼 서 있었다. 마을 어귀 강과 바다가 만나는 하구에 산 에스테보 성당이 낮게 서서 그 맞은편의 하얀 납골당을 바라보고 있었다.

카스트레세Castrexe를 밀어내자 오른쪽으로 대서양의 해변이 길게 펼쳐졌다. 나무 숲길을 따라 언덕에 오르자 부샨Buxán이 제재소 뒤로 이어졌다. 인부들이 지게차로 통나무를 바삐 옮기고 있는 제재소 너머로 푸른 파도가 넘실거렸다. 부샨을 벗어나자 긴 내리막길이 랑고스테이라Langosteira 해변으로 미끄러졌다. 바다의

피스테라 항구

향기를 실은 바람이 거친 몸에 향기를 뿌려주었다.

모래사장이 끝나자 하얀 보트들이 살랑거리는 피스테라 항구가 나타났다. 선형으로 길게 돌출한 방파제가 은빛 항구를 품어주었다. 피스테라는 라틴어로 세상의 끝을 의미하는 '피니스finis'와 땅을 의미하는 '테라terra'가 조합된 단어다. 고대 켈트인들이 세운 피스테라는 중세 사람들이 세상의 끝이라고 믿었던 땅끝 마을이었다. 은빛 바다가 산티아고의 은색 관처럼 반짝거렸다.

고대 켈트인들의 유적을 찾아 피스테라 남서쪽에 우뚝한 파초Facho 언덕으로 올랐다. 마을을 벗어나 신작로에 오르자 산타 마

산타 마리아 다스 아레아스 성당

리아 다스 아레아스Santa María das Areas 성당이 종탑을 등 뒤에 세우고서 돌아앉아 있었다. 절벽 아래 푸른 파도가 하얀 거품을 일으키며 부서져 내렸다. 오른쪽의 절개지에 산 기예르모 수도원 유적지를 알리는 간판이 마중했다.

피스테라 등대로 가는 길과 반대 방향으로 가파른 흙길이 언덕으로 기대 있었다. 언덕에 오르자 잡초가 무성한 길이 정상으로 곡선을 그렸다. 반바지 아래 정강이가 풀숲에 긁혀서 피가 났다. 20여 분 산길을 돌아 정상에 오르자 대서양이 천 길 낭떠러지 아래로 펼쳐졌다.

자연 암반 아래 유적지에는 초석만 덩그러니 놓여 있고, 초라한 동굴이 자연석 아래에 엉성하게 파여 있었다. 중세 피스테라 주민들을 설교하기 위해 산 기예르모가 지은 산 기예르모 수도원은 흔적도 없이 사라지고 토굴 앞으로 초석만 햇살에 반짝거렸다. 눈을 지그시 감고 잠시 상상의 나래를 펼쳤다. 만약 이곳에 투박한 수도원이 서 있었다면 그 존재만으로 신성함은 하늘을 찔렀을 것이다.

초석 사이로 제단이라고 추정되는 평평한 돌이 누워 있었다. 전설에 따르면 중세 아이를 갖지 못하는 여인들이 돌의 제단에 누워 기도를 드리면 기적이 이루어졌다. 그 전설을 아는지 모르는지 젊은 신혼부부가 몸집이 큰 불도그를 앞세우고 제단을 빙글빙글 돌았다. 동굴 위로 봉긋 솟아오른 암반 위에는 독일에서 온 중년 부부가 앉아 시간을 지워버린 듯 대서양에 눈을 던지고 있었다.

산 기예르모 수도원 유적지를 빠져나와 동쪽에 성벽처럼 우뚝한 파초 언덕으로 걸었다. 한눈에 굽어보이는 언덕이지만 돌아가는 길은 가도 가도 끝이 없었다. 비지땀을 흘리며 언덕을 계속 오르자 피스테라 등대가 발아래 누워 있었다. 무시아와 반대로 피스테라는 대서양의 남쪽을 바라보고 있었다. 철조망을 따라 파초 언덕에 올랐다.

파초 언덕에 태양신전 자리로 추정하는 신성한 돌무더기들이 길게 장벽을 치고 있었다. 그 모습만으로 신비한 힘을 느낄 수 있었다. 이 돌무더기들은 고대 켈트인들이 태양신을 섬겼던 제단으로 알려져 있다. 태양신전 자리는 파란 하늘과 제일 가까운 곳으로 산 기예르모 수도원 자리와는 비교할 수 없을 정도로 높고 전망이 뛰어났다.

파초 언덕에서 피스테라 등대를 바라보며 내려서는 길은 구름 위를 걸어가는 느낌이었다. 영국 아가씨들이 오르막길을 오르며 힘들지 않느냐는 물음에 말 대신 검지를 치켜세웠다. 눈앞에 펼쳐진 피스테라곶은 산티아고 성인이 검지로 죽음의 바다를 가리키는 모습이었다. 중세 스페인 사람들은 이곳을 육지의 끝이라는 뜻으로 코스타 데 무에르테Costa de Muerte, 죽음의 해안라 불렀다.

등대 입구에 세상의 끝을 알리는 0km 표지석이 박혀 있었다.

세상의 끝, 마지막 십자가

✟ 피스테라 등대

✟ 피스테라 등산화 조각

절벽에 기대 있는 피스테라 등대는 오늘날 박물관으로 사용되고 있지만 그 역사적 의미는 미미하다. 절벽으로 내려서자 청동으로 만든 등산화 조각과 십자가가 돌 위에 놓여 있었다. 절벽 아래 검은 바다가 하염없이 절벽을 때리며 하얀 물보라로 부서졌

✝ 등대 입구 0km 표지석

다. 전신주에 날리는 옷가지들, 청동 등산화 조각도 사람들이 만들어놓은 희망의 흔적들이다.

　전설에 따르면 이곳은 산티아고가 전도에 실패해 예루살렘으로 떠났다가 죽어서 다시 돌아온 곳이다. 인간의 발길 끝나는 세상의 끝에서 신에게 다가서기 위해 중세 사람들은 간절하게 기도했다. "당신이 찾고 있는 그 메카는 당신의 마음속에 놓여 있다."라는 한 아랍 시인의 글처럼 이곳은 세상의 끝이 아니라 신의 영접을 받았던 산티아고의 발코니였다. 15세기 말 콜럼버스가 상상의 날개를 펼치고 죽음의 바다를 가로질러 신대륙을 발견했다.

에필로그
사랑의 공간, 산티아고 순례길의 건축

건축은 그 시대를 살아간 사람들이 불꽃같은 영혼으로 새겨놓은 역사와 문화의 화석이다. 스페인 북부를 횡으로 가르는 산티아고 순례길, 오늘날 프랑스 길로 알려진 이 길을 따라 중세 건축물들이 줄지어 있다. 고풍스러운 건축물들은 제각각 중세 암흑시대를 살아간 사람들이 산티아고 신화의 등불로 쌓아올린 신의 궁전이다. 프랑스 길에 줄지어 있는 건물들은 중세 기독교도들이 이슬람 군대를 물리치기 위해 절대 사랑으로 쌓아올린 돌의 요새다.

스페인 팜플로나 대성당에서 부르고스 대성당, 레온 대성당, 산티아고 대성당으로 이어지는 중세 건축물들은 신화의 세례를 받고서 역사의 나이테를 굴리며 오늘날까지 살아남은 스페인 건축문화유산이다. 프랑스 길을 따라 역사를 조금 거슬러 오르면 9세기 최초의 순례길이 시작됐던 오비에도를 만나게 된다. 이후 레온에서 10세기 순례길이 생겨나면서 프랑스 파리에서 산티아고 무덤으로 이어지는 프랑스 길이 완성됐다. 9세기 최초의 순례길이 시작됐던 오비에도의 중세 건축이 스페인 건축의 용마루가 되고, 프랑스 길을 따라 줄지어 있는 중세 건축물들은 스페인 건축의 대들보가 되고, 파리 노트르담 대성당은 스페인 건축의 대문이 됐다. 오늘날 프랑스 길에 도열해 있는 중세 건축물들은 세계에서 가장 거대한 역사박물관이 됐다.

프랑스 길의 건축들은 수 세기동안 무너지고 다시 쌓아올린 불굴의 용기와 희망을 새겨놓은 기념비들이다. 서로 다른 모양과 구조로 쌓아올린 대성당과 수도원과 성당들은 하나같이 화려한 조각과 부조와 성화로 장식된 신들의 궁전이자, 세상에서 가장 웅장한 사랑의 건축이다.

산티아고의 무덤으로 향하고 있는 중세의 대성당, 수도원, 성당들은 대부분 성모 마리아의 이름을 포함하고 있다. 니코스 카잔차키스는 『스페인 기행』에서 "스페인 사람들에게 성모 마리아는 흰 구름을 밟고 있는, 가까이 하기 어려운 동정녀가 아니다. 그녀는 저녁 무렵 현관 계단에 앉아 있거나 실을 잣는 안달루시아나 카스티야 작은 시골의 처녀와 같다."고 했다.

프랑스 길을 따라 줄지어 있는 신의 궁전들은 중세 순례자들에게 어머니를 떠올려주었던 성모 마리아의 품이었다. 대성당마다 어김없이 그 지역을 다스렸던 왕이나 성직자나 장군의 무덤을 품고 있지만 그 중심에는 성모 마리아가 그리스도의 주검을 품고 있었다. 성모 마리아가 예수의 주검을 안고 있는 미켈란젤로의「피에타Pieta」처럼 중세 대성당은 상처 받은 영혼이 달려가 안겼던 어머니의 품, 절대 사랑의 공간이었다. 중세 대성당은 절대 사랑을 품고 있는 돌의 신전이었다. 자식의 주검*을 안고 있던 모든 어머니들의 고통과 사랑의 상징이었다.

오늘날 프랑스 길을 따라 중세 고풍스러운 건축물들이 산티아고의 무덤을 향해 줄지어 서 있다. 산티아고 대성당조차 세상의 끝, 피스테라를 바라보고 서 있다. 중세 모든 순례자들이 그렇게 도달하고 싶었던 산티아고의 무덤은 중세 이슬람 군대와의 성전에서 반드시 이길 수 있다는 믿음의 상징이었다. 신화의 세례를 받고서 역사의 밀림 속으로 달려가는 마타모로스는 스페인 기독교도들이 신의 이름으로 불러낸 사랑의 화신이었다. 마타모로스는 이슬람 군대와의 전투에서 산티아고의 깃발을 휘날리며 적진으로 말을 타고 달렸던 기독교도들의 상징이었다.

오늘날 프랑스 길을 따라 형태와 촉감과 온도가 조금씩 다른 성당과 수도원과 대성당들이 줄지어 건축 박물관을 이루고 있

* 중세에는 어린이 사망률이 높았다.

다. 하루 발길이 닿을 수 있는 곳마다, 사랑의 향기가 닿을 수 있는 길목마다 성당을 짓고 종탑을 세우고 마을을 건설했다. 왕국의 중심마다 요새를 건설하고 대성당과 수도원을 지었다. 중세 역사와 신화를 간직한 대성당과 수도원들이 산티아고의 사랑을 전 유럽으로 실어 날랐다.

 어느 화창한 봄날, 세상의 어떤 책보다도 지혜로운 산티아고 순례길을 걸었다. 대성당과 수도원에서 뿜어져 나오는 신화의 세례를 받고 전설과 역사의 축복을 받으며 산티아고의 무덤으로 걸었다. 중세 돌의 신전이 뿜어내는 불굴의 용기를 마시며 걸었다. 파리 센강에 스핑크스처럼 웅크리고 있는 노트르담 대성당에서 생 드니의 순교 정신을 가슴에 새기고 피레네산맥을 넘었다. 팜플로나 대성당, 부르고스 대성당, 레온 대성당을 거쳐 산티아고 대성당에 도착했다. 마침내 산티아고의 황금 등짝을 끌어안았다.
 프랑스 길에 줄을 선 중세 스페인 건축들은 공간의 이동도, 시간의 이동도 아닌 돌로 빚은 성모 마리아의 품이었다. 신화의 대장간에서 역사의 담금질로 완성한 절대 사랑의 공간은 신의 이름으로 쌓아올린 돌의 요새였다. 대성당을 징검다리 삼아 산티아고 대성당으로 걸어갈 수 있었던 것은 설명할 수 없는 에너지의 인도 때문이었다. 끊임없이 다가오는 지평선과 하늘과 산과 들판은 때로는 악마의 얼굴로, 때로는 천사의 얼굴로 엄습했지만 대성당이 품고 있는 절대 사랑은 지친 영혼을 어머니의 품처럼 안아주었다.

수백 년 동안 무너지고 다시 쌓아올려진 절대 사랑의 공간에서 하루를 시작하고 하루를 마감했다. 대성당에서 뿜어져 나오는 그 사랑은 세상의 끝, 산티아고의 무덤으로 우리를 이끌어주었다. 그 신비한 사랑은 9세기부터 지금까지 순례자들을 산티아고 대성당으로 이끌어주었던 절대 사랑이었다.

하룻밤을 쉬어가는 침대와 한 끼의 식사와 한 모금의 식수에 감사할 수 있었던 것도 신의 궁전에 충만한 절대 사랑을 가슴으로 마셨기 때문이다. 불굴의 열정으로 쌓아올린 대성당과 수도원들이 신화와 역사를 간직한 채 지친 영혼을 위로해주었기 때문이다. 스페인 중세 건축은 영원히 시들지 않는 희망과 용기를 불어넣어주었다.

아인슈타인은 "세상을 살아가는 방법에는 두 가지가 있다. 기적이란 없다고 믿고 사는 것과 어디에나 기적이 존재한다고 믿고 사는 것. 나는 후자의 삶을 선택하기로 했다."고 말했다. 이 말은 절대 사랑의 기적을 온몸으로 느낄 수 있었던 산티아고 순례길의 건축들을 두고 하는 말이었다.

신과 인간의 믿음으로 쌓아올린 고딕 대성당의 아치의 정점에는 어김없이 키스톤(keystone, 역 사다리꼴의 쐐기돌)이 박혀 있다. 키스톤이 박혀 있지 않다면 하늘을 찌르는 대성당의 무게는 지탱할 수 없다. 우리 삶의 정점에도 어김없이 신이 인간에게 선물한 절대 사랑의 키스톤이 박혀 있음을 돌의 신전은 엄숙하게 말했다. 대성당에서 뿜어져 나오는 신비한 에너지는 우리를 더 나은 사람으로 성장시키고, 더 행복한 세상을 만들 수 있도록 끊임없이 격려하며 용기를 북돋아 주던 절대 사랑이었다. 인간이 대성당을 지었지만 대성당이 인간을 성장시켜주었음을 산티아고 순례길의 건축이 사랑의 온기로 증명해주었다.

추신

이 책에 실린 사진은 저자의 사진과 함께 핀란드 독립필름제작자인 카리타, 원광대 윤기병 교수, 손진 건축가의 사진이 포함돼 있다. 이 책은 산티아고 순례길에서 만난 세계인들의 순수한 영혼과 순례길에 줄지어 서 있는 다양한 건축물의 온기로 지었다.

참고문헌

기네스 펠트로·마리오 바탈리 공저, 공진호·박대정 공역, 『스페인 스타일』, 마음산책, 2010.
김성오, 『몬드라곤의 기적』, 역사비평사, 2012.
김창민 편, 『스페인 문화 순례』, 서울대출판문화원, 2013.
김희곤, 『스페인은 가우디다』, 오브제, 2014.
김희곤, 『스페인은 건축이다』, 오브제, 2014.
김희곤, 『스페인, 바람의 시간』, 쌤앤파커스, 2015.
니코스 카잔차키스, 송병선 역, 『스페인 기행』, 열린책들, 2008.
레이몬드 카, 김원중·황보영조 공역, 『스페인사』, 까치글방, 2006.
론리플래닛 편집부, 이동진 역, 『스페인』, 안그라픽스, 2014.
리차드 아텐보로, 장상영 역, 『내 안의 행복을 찾아서』, 세상을 여는 창, 2004.
리처드 E. 니스벳, 최인철 역, 『생각의 지도』, 김영사, 2004.
마르셀 프루스트, 정재곤 역, 『잃어버린 시간을 찾아서』, 파랑새, 2006.
변정식, 『신과 함께 가라 산띠아고 가는 길』, 니키앤프랜, 2010.
안톤 폼보, 이강혁 역, 『산티아고 북쪽 길』, 알에이치코리아, 2013.
알랭 드 보통, 정영목 역, 『여행의 기술』, 이레, 2004.
알랭 드 보통, 정영목 역, 『행복의 건축』, 청미래, 2011.
앙투안 드 생텍쥐페리, 허희정 역, 『인간의 대지』, 웅진씽크빅, 2009.
작자 미상, 최익철 역, 『이름 없는 순례자』, 가톨릭출판사, 1998.
전영우, 『비우고 채우는 즐거움, 절집 숲』, 운주사, 2011.
칼 포퍼, 이한구 역, 『열린사회와 그 적들』, 민음사, 2006.
크리스토프 라무르, 고아침 역, 『걷기의 철학』, 개마고원, 2007.
크리스티아네 취른트, 조우호 역, 『책―사람이 읽어야 할 모든 것』, 들녘, 2003.
파울로 코엘료, 박명숙 역, 『순례자』, 문학동네, 2006.
헨리 데이빗 소로우, 강승영 역, 『월든』, 은행나무, 2011.
Iter Stellarum, "La Gran Obra de Los Caminos de Santiago", *Hercules de Ediciones S.A.*, 2009.

스페인은
순례길이다

초판 1쇄 발행 2019년 4월 12일
초판 2쇄 발행 2019년 4월 25일

지은이 김희곤
펴낸이 김선식

경영총괄 김은영
책임편집 임경섭 **크로스교정** 백상웅 **디자인** 박수연 **책임마케터** 기명리
콘텐츠개발6팀장 백상웅 **콘텐츠개발6팀** 임경섭, 박수연, 최지인
마케팅본부 이주화, 정명찬, 최혜령, 이고은, 이유진, 허윤선, 김은지, 박태준, 배시영, 박지수, 기명리
경영관리본부 허대우, 박상민, 윤이경, 김민아, 권송이, 김재경, 최완규, 손영은, 이우철, 이정현

펴낸곳 다산북스 출판등록 2005년 12월 23일 제313-2005-00277호
주소 경기도 파주시 회동길 357 3층

전화 02-704-1724
팩스 02-703-2219 **이메일** dasanbooks@dasanbooks.com
홈페이지 www.dasanbooks.com
블로그 blog.naver.com/dasan_books
인쇄 민언프린텍

ISBN 979-11-306-2135-7 (13980)

- 책값은 뒤표지에 있습니다.
- 파본은 구입하신 서점에서 교환해드립니다.
- 이 책은 저작권법에 의하여 보호를 받는 저작물이므로 무단 전재와 복제를 금합니다.
- 이 도서의 국립중앙도서관 출판시도서목록(CIP)은 서지정보유통지원시스템 홈페이지(http://seoji.nl.go.kr)와 국가자료공동목록시스템(http://www.nl.go.kr/kolisnet)에서 이용하실 수 있습니다. (CIP제어번호 : CIP2019012217)